AF150586

Adolf von Oechelhäuser

Die Miniaturen der Universitäts-Bibliothek zu Heidelberg

Adolf von Oechelhäuser

Die Miniaturen der Universitäts-Bibliothek zu Heidelberg

ISBN/EAN: 9783743613553

Hergestellt in Europa, USA, Kanada, Australien, Japan

Cover: Foto ©ninafisch / pixelio.de

Manufactured and distributed by brebook publishing software
(www.brebook.com)

Adolf von Oechelhäuser

Die Miniaturen der Universitäts-Bibliothek zu Heidelberg

DIE MINIATUREN

DER

UNIVERSITÄTS-BIBLIOTHEK

ZU

HEIDELBERG.

BESCHRIEBEN

VON

A. VON OECHELHAEUSER.

— —

ERSTER THEIL.

MIT ACHTZEHN TAFELN.

HEIDELBERG.

VERLAG VON GUSTAV KOESTER.

1887.

MEINEM VATER

GEWIDMET.

VORWORT.

Die Heidelberger Universitäts-Bibliothek besitzt eine Anzahl Handschriften, welche, abgesehen von ihrer sonstigen Bedeutung, ihres Bilderschmuckes und ihrer kalligraphischen Ausstattung wegen von hohem Werthe sind. Mögen Bibliotheken, wie die von Paris, Rom, Wien, Florenz, München, Brüssel, London und Stuttgart sowohl der Zahl, wie dem Kunstwerthe nach bedeutendere Sammlungen von Schätzen dieser Art enthalten, nach einer bestimmten Richtung hin steht die Heidelberger Universitäts-Bibliothek dennoch allen voran. Nirgends nämlich sind illustrirte Handschriften der altdeutschen Literatur so zahlreich vertreten, wie hier, und wenn auch der Kunstwerth der Bilder an und für sich in manchen Fällen nur ein geringer ist, so erscheinen dieselben doch kunstgeschichtlich und kulturgeschichtlich von grösster Bedeutung. Daneben sind zahlreiche, hauptsächlich aus alemannischen Klöstern stammende Handschriften religiösen Inhaltes vorhanden, welche die Entwickelung der Büchermalerei vom IX. bis in's XVI. Jahrhundert hinein im Zusammenhange verfolgen lassen.

Der Verfasser beabsichtigt, diese theilweise noch ganz verborgenen Schätze mittelst eingehender Beschreibung und Erläuterung weiteren Kreisen bekannt zu machen. Die beigefügten Tafeln sollen einerseits der Beschreibung zu Hilfe kommen, andererseits zur Vermehrung des noch sehr der Vervollständigung bedürftigen Anschauungsmaterials der mittelalterlichen Kunst beitragen. Die anstehende Arbeit bildet somit zugleich eine Ergänzung des zum Theil bereits vollendeten Handschriften-Kataloges der Heidelberger Universitäts-Bibliothek nach kunstgeschichtlicher Seite hin.

Der Verfasser erfüllt eine angenehme Pflicht, indem er dem hochverdienten Vorstand der Heidelberger Universitäts-Bibliothek, Herrn Hofrath Prof. Dr. Karl Zangemeister, der die erste Anregung zu dieser Arbeit gegeben, sowie den Herren Bibliothekaren Dr. J. Wille und Dr. P. Hintzelmann, insbesondere aber auch dem Custos der Handschriften-Abtheilung Herrn Dr. A. Koch für die freundlichst geleistete Unterstützung seinen verbindlichsten Dank ausspricht.

Heidelberg im Juni 1887.

Der Verfasser.

Die Tafeln I bis VIII sind in der unter Leitung des Herrn Professor Riese stehenden chalkographischen Abtheilung der Reichsdruckerei in Berlin, die übrigen Tafeln IX bis XVIII in der Hof-Lichtdruck-Anstalt von J. Baeckmann in Karlsruhe hergestellt.

I N H A L T.

lischen, nur 26 griechische und 16 lateinische Handschriften; alle anderen sind in deutscher Sprache geschrieben. In kunstgeschichtlicher Hinsicht kommen aus dieser Abtheilung besonders in Betracht: die Illustrationen zu der deutschen Heldensage, zu der höfischen Dichtung und den Minne-Liedern in Mss. des XIV. und XV. Jahrhunderts, sowie einige ältere Handschriften, wie z. B. die Evangelienharmonie Otfrid's und das Rolandslied des Pfaffen Conrad.

II. Die *Codices Salemitani*, 442 Bände meist religiösen Inhalts. Dieselben stammen aus dem im Jahre 1802 aufgehobenen Cisterzienser Kloster Salem oder Salmansweiler und sind im Jahre 1826 durch Kauf in den Besitz der Heidelberger Universitäts-Bibliothek übergegangen. Unter diesen befindet sich eine grosse Anzahl geistlicher Bücher vom Anfang des X. bis in's XVI. Jahrhundert, mit deren Miniaturenschmuck wir uns eingehend zu beschäftigen haben werden. Das Hauptwerk dieser Sammlung ist das Sacramentarium Gregorianum (Sal. IX b) aus dem Anfang des X. Jahrhunderts.

III. Die *Codices Heidelbergenses* rt. 1650 Bände und Fascikel. Den Grundstock dieser seither neu beschafften Sammlung von Handschriften bilden einige wenige aus dem Unglücksjahre 1622 gerettete Bände, welche die ältesten Theile des Universitäts-Archivs enthalten. Diese, sowie

IV. die 98 mit der Bibliothek des *Dr. Batt* erworbenen Codices treten für unsere Betrachtung fast ganz in den Hintergrund.

Eine wesentliche Bereicherung erfuhr die Handschriften-Sammlung im Jahre 1885 durch

V. die *Codices Truchneriani*, 140 an der Zahl, welche durch testamentarische Verfügung hierher gelangten. Es befinden sich darunter mehrere durch Miniaturen-Schmuck ausgezeichnete, mittelalterliche, sowie einige kostbar ausgestattete orientalische Handschriften jüngeren Datums.

Von den sub I, II und V bezeichneten Mss., deren Gesammtzahl 1474 Bände beträgt, und die sämmtlich vom Verfasser einer genauen Durchsicht unterzogen worden sind, kommen für unsere Untersuchung nur rt. 230 Mss. (140 Palatini, 60 Salemitani und 30 Truchneriani) in Betracht. Diese Zahl verkleinert sich wiederum wesentlich, wenn wir die grosse Masse der Handschriften, welche nur unbedeutenden künstlerischen Schmuck aufweisen, bei Seite lassen, und, wie in Folgendem geschehen soll, nur die künstlerisch resp. kunstgeschichtlich wichtigeren Mss. in's Auge fassen. Wir werden hierbei ohne Rücksicht auf obenstehende Eintheilung, rein chronologisch verfahren und beginnen mit der ältesten althochdeutschen Handschrift der Sammlung.

z. Allgem. Ztg. 1886. Nr. 124 u. 125. Wieder abgedruckt in: Kunstw. und Künstler, dritte Sammlung vermischter Aufsätze, Breslau 1886, S. 315 f.) Die Handschrift war seinerzeit in München zurückbehalten worden und gelangte nach der Einnahme von München i. J. 1632 durch Bernhard von Weimar an ihren jetzigen Aufenthaltsort. Näheres über die Handschrift in Fr. Jacobs' u. F. A. Ukert's Beiträgen z. alt. Litteratur 3. Heft, Leipzig 1836, S. 41.

I. Die Evangelienharmonie Otfrid's von Weissenburg.

(Pal. lat. 52 *), K. Bartsch, Katalog Nr. 1.)

Bezüglich des Inhalts, der Seitenzahl, Schreibweise etc. dieses dem Ende des IX. Jahrhunderts angehörenden Ms's verweisen wir auf die betreffenden Angaben in dem jüngst vollendeten Katalog der altdeutschen Handschriften der Universitäts-Bibliothek zu Heidelberg von K. Bartsch **). Die künstlerische Ausstattung dieser berühmten Handschrift, welche 1584 aus Fugger'schem Besitze ***) durch Vermächtniss in die kurpfälzische Bibliothek nach Heidelberg gelangt ist, steht zwar in keinem Verhältniss zur hohen literar-geschichtlichen Bedeutung des Textes, immerhin sind aber die wenigen darin vorkommenden, mit Mennigfarbe gezogenen Initialen wohl der Beachtung werth. Dieselben sind sehr ungleich im Buche vertheilt (Fol. 8ᵃ, 9ᵃ, 13ᵇ, 14ᵃ, 42ᵇ, 43ᵃ, 76ᵃ, 77ᵇ, 78ᵃ, (83ᵃ). 159ᵃ) und ohne Vorzeichnung mit flottem Rohrstrich frei entworfen. Hieraus erklärt sich eine gewisse Stilunsicherheit in der Zeichnung. Der Schreiber hat allerlei Reminiscenzen durcheinander spielen lassen, und, wo diese nicht ausreichten, frei hinzu komponirt. Man vergleiche in dieser Beziehung das L. auf Fol. 13ᵇ mit dem J. auf Fol. 159ᵃ, oder das M. auf Fol. 76ᵃ mit dem J. auf Fol. 8ᵃ Im Ganzen steht der Charakter der Ornamentik dem Angelsächsischen Stile näher, als dem Karolingischen. Mit dem beliebten Motive des schablonenmässigen Absetzens des einen Linienzuges an der Kreuzungsstelle mit dem andern wird ganz willkürlich verfahren; bald wird der Linienzug unterbrochen, und die Absatzstelle durch feine Querstriche besonders hervorgehoben, bald laufen die Linien ohne Unterbrechung über einander weg†). Lamprecht ††) zählt

---

*) Die auffällige Bezeichnung latinus rührt daher, dass der Codex mit einer lateinischen Vorrede beginnt, und auch im Vatikan als latinus bezeichnet war. Ueber die nachträgliche Reklamirung dieser Handschrift s. Wilken, a. a. O. S. 260.

**) Katalog der Handschriften der Universitäts-Bibliothek in Heidelberg, I. Die altdeutschen Handschriften der Universitäts-Bibliothek in Heidelberg. Verzeichnet und beschrieben von Karl Bartsch. Heidelberg 1887. 4°.

***) S. d. I. Rockinger, Pflege der Gesch. durch die Wittelsbacher, S. 17 und (48).

†) Konsequenter durchgeführt findet sich diese Zeichenweise z. B. in den Reichenauer Codd XIX und XXIX der Karlsruher Hof- und Landesbibliothek, in der sogen. Alcuinbibel der Züricher Kantonalbibliothek, in den Cod. 137 der Kölner Dombibliothek, im Psalter, Bibl. Fol. 23 der Kgl. öffentl. Bibliothek zu Stuttgart (sämmtlich oberdeutsche Mss. des IX. Jahrh.) u. a. a. O. m.

††) Initial-Ornamentik, Leipzig 1882. S. 6.

1*

diese Erscheinung zu den Merkmalen des Ursprunges der Buch-Ornamentik aus der Technik der Holzverzierung. Unseres Erachtens könnte man eher auf die Flechttechnik hinweisen, doch liegt die einfachste Erklärung wohl in der Schreib-, resp. Zeichentechnik selbst, indem durch das Absetzen das Ineinanderlaufen der nassen Linienzüge an der Kreuzungsstelle verhütet, und zugleich schnelleres Arbeiten ermöglicht wurde, da man nicht auf das Trocknen des einen Linienzuges zu warten brauchte[*]. Noch zu erwähnen ist auf Fol. 6ᵃ der missglückte Versuch der Herstellung eines Mäanders mittelst des Griffels.

Im Gegensatze zu der unsrigen ist die Wiener Handschrift des Otfrid, welche P. Piper[**] als das Hand-Exemplar des Dichters und als Vorlage für die Heidelberger Handschrift auffasst, mit drei bildlichen Darstellungen geschmückt, doch scheinen dieselben bei Gelegenheit der Ueberarbeitung des Ganzen nachträglich zugefügt worden zu sein[***]. Wenn Piper Recht hat, dass beide Mss. von der eignen Hand des Weissenburger Mönches herrühren, so steht nichts im Wege anzunehmen, dass auch die Rubriken und Initialen in unserer Handschrift von demselben angefertigt sind. Die Linienführung lässt trotz mancher Rasuren[†] eine wohlgeübte Hand erkennen. Der Ton der Mennigfarbe ist verschieden, meist schmutzig-dunkel; an den Stellen, wo das Pergament von Feuchtigkeit gelitten, ist die Farbe bis zur Unkenntlichkeit abgeblasst.

II. Die älteste lateinische Handschrift der Sammlung ist ein

Sacramentarium Gregorianum

(Sal. IX b),

welches aus dem im Jahre 1803 aufgehobenen Benediktinerkloster Petershausen bei Konstanz stammt und im Jahre 1826, zugleich mit den Handschriften des Salmannsweiler Klosters nach Heidelberg gelangt ist. Wir finden unsern Codex zuerst erwähnt im

---

[*] Ueber die weitere missbräuchliche Verwendung dieses Motives s. Lamprecht, Initial-Ornamentik S. 6.

[**] Otfrid's Evangelienbuch Bild. d. ältest. deutschen Litteraturdenkm. Bd. IX, Paderborn 1878. Dagegen O. Erdmann in den Sitzungsberichten der Berliner Acad. d. Wissensch. (Separat-Abdruck mit Tafel bei Dümmler) 1879, Antwort von P. Piper in d. Beiträgen z. Gesch. d. deutschen Sprache und Litteratur, herausgegeben von Paul und Braune, Bd. VIII. S. 250 fg.

[***] Abbildungen in Silvestre, Univ. Pal. IV. Taf. 246, in Westwood, Pal. Sacra Pict., London 1845, Taf. 38, in Schilter's Thesaurus Antiquit. Teuton I pgg. 241. 257 u. 317. Beschreibung der Bilder in J. Kelle's Ausgabe des Otfrid, Regensburg 1856, S. 154.

Nach den Abbildungen zu urtheilen, gehören das Abendmahl und die Kreuzigung ders. Hand, welche auf dem ersten Bilde, dem Einzuge Christi, oben links die Köpfe hinzufügte. Letzteres ist sorgfältiger gearbeitet, jene dagegen sind von erschreckender Rohheit. Die betr. Köpfe sind bei Silvestre und Westwood weggelassen, finden sich aber in Schilter's Reproduction.

[†] Besonders deutlich z. B. bei dem I. auf Fol. 13ᵇ.

Diarium Helveticum des Benediktiner-Abtes Calmet[*]), welcher denselben gelegentlich einer Reise in Petershausen einsah und sich darauf beschränkte, die Eingangsworte: In Nomine Domini Incipit Liber Sacramentorum etc., noch dazu ganz unrichtig, anzuführen. Auch Martin Gerbert, der gelehrte Abt von St. Blasien, sah die Handschrift daselbst[**]) und benützte sie zum 1. Bande seiner Monumenta veteris liturgiae alemannicae (St. Blasien 1777).

Der kunstgeschichtliche Werth der in dem Sacramentar enthaltenen Bilder und Initialen ist zuerst von G. F. Waagen erkannt und bei Gelegenheit der Besprechung der Miniaturen der Heidelberger Universitäts-Bibliothek im 2. Bande von „Kunstwerke und Künstler in Deutschland" (S. 381 f.) in kurzen aber treffenden Worten hervorgehoben worden. In neuster Zeit hat Anton Springer in seiner Abhandlung über die deutsche Kunst im X. Jahrhundert[***]) unserer Handschrift Erwähnung gethan, und ihr den gebührenden Platz innerhalb der deutschen Prachthandschriften des X. Jahrhunderts angewiesen. Auch H. Janitschek verzeichnet dieselbe in seiner Geschichte der deutschen Malerei[†]), während Kugler, Schnaase, Woltmann u. A. offenbar keine Kenntniss davon besassen[††]).

Die Entstehungszeit der Handschrift ist verschieden angenommen worden. Während Calmet nur von einem Sacramentarium antiquissimum spricht, setzt Martin Gerbert dasselbe in die Mitte des IX. Jahrhunderts, und auch Waagen erklärt sich „geneigt, dieses sicher dem IX. Jahrhunderte angehörige Ms. aus der ersten Hälfte desselben zu halten". Dem entgegen nehmen Bethmann[†††]) und Anton Springer, denen sich H. Janitschek anschliesst, das X. Jahrhundert als Entstehungszeit an. Unseres Erachtens weist sowohl der Charakter der Schrift, wie der Stil der Initialen eher in das X., als in das IX. Jahrhundert, jedoch keinesfalls so weit in das X. Jahrhundert hinein, dass man annehmen könnte, die Handschrift sei in dem 983 gegründeten Kloster Petershausen selbst entstanden. In Uebereinstimmung mit Karl Zangemeister setzen wir somit das Sacramentar in die erste Hälfte des X. Jahrhunderts.

Da, wie wir gesehen haben, Petershausen als Ursprungsort der Handschrift ausser Betracht bleiben muss, so gilt es, ein anderes Scriptorium dafür ausfindig zu machen. Schon Waagen bedauert, „dass man nicht weiss, wo das Ms. beschafft worden ist". Martin Gerbert widerspricht sich in dieser Beziehung. In der Praefatio der Mon. vet. lit. alem.

---

[*]) Gedr. zu Einsiedeln 1756.
[**]) Iter Alemannicum; St. Blasien 1765; pag. 249.
[***]) Zuerst erschienen in der Westdeutschen Zeitschrift III S. 225 f.; wieder abgedruckt in „Bilder aus der neueren Kunstgeschichte", Bonn 1886, S. 114 f.
[†]) Leipzig 1886, S. 54.
[††]) Ueber die misslungenen Abbildungen aus unserer Handschrift in H. v. Hefner-Alteneck's Trachten etc. s. u. S.
[†††]) Pertz, Archiv IX, S. 579.

behauptet er, dass das Sacramentarium Solodorense*), dessen Ursprung aus dem Kloster Hornbach er für sehr wahrscheinlich hält, mit dem unsrigen so sehr übereinstimme, dass beide aus derselben Schreibstube, also aus Hornbach, stammen müssten, an einer andern Stelle sucht er dagegen dieselbe Aehnlichkeit hinsichtlich eines aus Reichenau stammenden Sacramentars (Wien, Hofbibl. Cod. theol. lat. Nr. 1815, ehemals 360, dann 149) nachzuweisen**). Auf Reichenau hat auch, wahrscheinlich ganz unabhängig von Gerbert's Untersuchungen, Anton Springer in dem oben citirten Aufsatze hingewiesen.

Das Bewusstsein, wie sehr auch auf dem Gebiete der mittelalterlichen Kalligraphie das Aufsuchen von Ausgangscentren für die Beurtheilung der Leistungen einer bestimmten Periode von Wichtigkeit ist, bricht sich immer mehr Bahn. Für die durch Alcuin gegründete Schule von Tours liegen in dieser Beziehung die bahnbrechenden Untersuchungen von Leop. Delisle vor; um die Erforschung der St. Gallener Schule hat sich R. Rahn besondere Verdienste erworben, sowie St. Beissel um die Schulen von Trier und Hildesheim, abgesehen von den höchst verdienstvollen Arbeiten von F. X. Kraus, K. Lamprecht, A. Springer u. A. auf diesem Gebiete. Die hohe kunstgeschichtliche Bedeutung des Klosters Reichenau, auf die wir im Verlauf unserer Untersuchungen wiederholt zurückkommen werden, ist uns mehr aus schriftlichen Ueberlieferungen, als aus erhalten gebliebenen Denkmälern bekannt. Bestätigte sich die Abkunft unseres Sacramentars aus der berühmten Schule dieser Pirminstiftung, so wäre ein neues Glied in die kurze Kette der Erzeugnisse der Reichenauer Kunstthätigkeit eingefügt, und es lohnt sich daher, eingehend nach Gründen, welche die Springer'sche Annahme unterstützen, zu forschen.

Derselbe beruft sich dabei kurz „auf die Gedächtnissfeier der dedicatio ecclesiae S. Mariae (Petershausen war dem heiligen Gregor geweiht)***) und der translatio sanguinis Domini in Augiam in dem vorangehenden Calendarium". Die dedicatio ecclesiae ist daselbst zum 16. August eingetragen, und stimmt dies mit der Angabe in Gallus Oheim's Chronik von Reichenau†): „Die Kirchwihe des münsters ze Richenow ist uff den nechsten tag nach unser lieben frowen himmel fart tag"; auch wissen wir aus übereinstimmenden Nachrichten, dass die Klosterkirche auf der Reichenau (im jetzigen Dorfe Mittelzell) im Jahre 816 durch den Abt Hatto der Maria geweiht worden war.

Die translatio sanguinis Domini betreffend berichtet uns die Aufzeichnung eines Reichenauer Mönches aus dem X. Jahrhundert††), dass ein kleines Kreuz mit Blutstropfen

---

*) Jetzt in der Klosterei des aufgehobenen Kollegiatstiftes Solothurn.

**) S. u. S. 13.

***) Wir haben oben gesehen, dass das erst 983 gegründete Petershausen überhaupt nicht in Betracht kommen kann; dem heil. Gregor war sowohl das Kloster, wie auch die Kirche geweiht. (Vita Gebehardi M. G. SS. X 582 f.)

†) Ed. W. K. A. Barack. Bibl. des literar. Vereins in Stuttgart, 1866, S. 26.

††) M. G. SS. IV, 44 5 b. sq. Ausführliches darüber in Staiger, Die Insel Reichenau im Untersee, Constanz 1860, S. 103 f.

Christi gefüllt durch einen Araber Hassan an Kaiser Karl den Grossen und von da nach allerlei Schicksalen schliesslich durch Summahilda, die Gattin des Walturius, i. J. 925 in die Kirche der Maria auf der Reichenau gelangt sei. „Deinde statuerunt, ut illum deinceps diem, quo signum admirabile in Augiam devenisset non solum ipsi verum etiam posteri dignis laudibus ritu perpetuo solemnem quotannis celebrare deberent." Die Feier dieses Ereignisses auf der Reichenau steht somit gleichfalls fest. Die Eintragung des Festtages in das Calendarium unserer Handschrift ist durch eine jüngere Hand geschehen, und könnte man hieraus mit Recht schliessen, dass das Calendarium vor dem Jahre 925 entstanden ist[*]).

Dass diese beiden Angaben des Kalenders direkt auf Reichenau hinweisen, scheint somit ausser Frage.

Es lassen sich aber ausserdem noch weitere Anhaltspunkte in dieser Richtung aus demselben gewinnen. So besonders die zum 22. Mai eingetragenen Dedicatio oratorii sci marci ev. Aus derselben Zeit wie die Geschichte des Blutkreuzleins stammend, berichtet die historia de translatione et miraculis S. Marci, dass die Gebeine des heiligen Marcus i. J. 830 aus gewissen Gründen heimlich, unter der Bezeichnung als Gebeine des heiligen Valens von Ratoltus nach der Reichenau gebracht und „in basilica sanctae Mariae in una absidi" beigesetzt seien[**]). Gallus Oheim fügt hinzu, dass der Körper des heiligen Genesius mit dabei gewesen sei.

Die betr. Notiz im Calendarium ist nachträglich zugefügt und zwar anscheinend durch dieselbe Hand, wie die oben erwähnte translatio sanguinis Domini. Man könnte versucht sein, hieraus zu folgern, dass das Calendarium vor dem Jahre 830 angefertigt sei, doch hat bereits Wattenbach darauf hingewiesen, wie die ganze Geschichte mit dem eingeschmuggelten Leichnam den Eindruck einer im X. Jahrhundert nachträglich fabricirten Erfindung macht. Möglich ist auch, dass dem Marcus erst im X. Jahrhundert ein eigenes Oratorium errichtet worden ist[***]).

Weitere aus dem Calendarium zu entnehmende Argumente zu Gunsten des Reichenauer Ursprungs desselben sind: die Eintragung der Fortunata et fratres eius (zum 14. October), deren Gebeine nach Gallus Oheim in einem silbernen Sarge im Münster bewahrt wurden[†]), sowie die Datirung des Festes des heiligen Pimenius zum 18. Februar,

---

[*]) Warum diese Schlussfolgerung nicht auf das ganze Ms. anwendbar ist, werden wir unten sehen.

[**]) Es ist nachgewiesen, dass beide obengen. Schriften vom Chronisten Gallus Oheim als ältere Quellen benutzt sind. Der Text der Miracula bei Mone, Quellen — S. I. 62—67. und in d. M. G. SS. IV 449—452. Ueber die translatio sanguinis und die Ankunft der Gebeine des heiligen Marcus auf der Reichenau berichtet Schönhuth's Chronik des ehem. Klosters Reichenau, Freiburg i. Br. 1836. auch hinsichtlich der sich daran anknüpfenden Streitigkeiten; ebenso Staiger, l. c. S. 82 f.

[***]) Gallus Oheim berichtet, dass unter Abt Berno (1008—1048) eine eigene Basilika des heiligen Marcus an das Münster angebaut wurde; es ist dies der westliche Querbau mit dem Westchor, welcher an die Stelle des alten Oratoriums getreten zu sein scheint.

[†]) Ueber die Beziehungen der Fortunata zu Reichenau s. Wattenbach, a. a. O. S. 268.

welches Datum auf der Reichenau thatsächlich stets in Geltung gewesen ist, während das Martyrologium Romanum und das Usuardinum den 24. März als Festtag angeben[*]. Auch ein Vergleich mit dem Calendarium des Sacramentarium Augiense[**] in Wien (s. u.) bestätigt im Allgemeinen, trotz mancher Abweichungen, die Annahme des gleichen Ursprunges für unser Calendarium[***].

Leider lässt sich aus dem Liber Sacramentorum selbst irgend ein Anhaltspunkt nach dieser Richtung hin nicht gewinnen. Man könnte vermuthen, dass das Vorkommen der Missa pro congregatione S. Mariae einen Hinweis auf die der Maria gewidmete Kirche der Augia dives enthalte; dieselbe Messe findet sich aber auch in anderen, nicht aus Reichenau stammenden alemannischen Sacramentarien dieser Zeit, von denen M. Gerbert nachweist, dass sie mit dem unsrigen aus derselben Quelle geschöpft haben; ausserdem wäre als Gegenargument anzuführen, dass bei der Missa „in dedicationem ecclesiae" sowohl in der Ueberschrift wie im Texte der übliche Hinweis auf die Patronin der Kirche fehlt, sowie dass diese Messe nicht an der betreffenden Stelle im August, sondern am Schlusse bei den Messen allgemeineren Charakters verzeichnet steht. Auffallen könnte ferner das Fehlen der Messen: In Nat. S. Valentis martyris und S. Pimenii, deren Bedeutung für Reichenau wir oben erwähnt haben. Diese Messen sind z. B. in dem wahrscheinlich aus Reichenau stammenden Züricher Sacramentar (Rheinau 71) enthalten, fehlen dagegen gleichfalls in dem Wiener Sacramentarium Augiense. Als Beweis gegen den Reichenauer Ursprung unserer Handschrift kann dieser Umstand somit ebensowenig dienen, wie das Fehlen der üblichen Andeutungen[†] bei der Missa: pro rege, in monasterium etc. Auch das Verzeichniss der Heiligen, die im Canon der Messe angerufen werden, enthält keinen Hinweis auf eine bestimmte Kirche.

Ist für das Sacramentarium das Resultat unserer Untersuchung bezüglich des Reichenauer Ursprunges ein indifferentes, so liefert die Untersuchung über die Zusammengehörigkeit von Calendarium und Sacramentarium in gewissem Sinne sogar ein negatives Ergebniss. Für die Beweiskraft der aus ersterem gewonnenen Hinweise wäre es nämlich in

---

[*] In dem aus dem vorigen Jahrhundert stammenden handschriftlichen Katalog der Rheinauer Mss. der Züricher Kantonalbibliothek steht bei Besprechung des wahrscheinlich gleichfalls aus Reichenau stammenden Sacramentars Nr. 71: „Augienses ad hoc dum festum (ut constat ex eorum directorio) die 18. Febr. sub ritu duplici colunt, quod reliquiae de hoc sancto (Pimenio) in eorum ecclesia asservantur."

[**] Abgedruckt in F. Piper's Karl des Gr. Calendarium n. Ostertafel, Berlin 1858.

[***] Ein aus Reichenau stammendes Psalterium des XI. s. in Karlsruhe (Hof- u. Landesbibl. Reichenau CLXI), enthält vorn ein Calendarium, welches trotz mancher auffallenden Uebereinstimmung mehrfache Abweichungen von unserem und dem Wiener Calendarium aufweist. Man sieht daraus, dass für die Calendarien keine bestimmte Norm existirt hat, resp. dass sich die Eintragungen mit der Zeit geändert haben.

[†] Beispiele davon in der Praefatio (pag. X) der Ausgabe des Sacramentarium Gregorianum von Hugo Menardus (Parisiis 1642). In Bezug auf diese selbstständigen Zuthaten heisst es in der Mauriner Ausgabe der Gregorianischen Werke (Parisiis 1705 T. III Praef. pag. V) „Librum Sacramentorum suos in suos ita concinnarunt occidentales ecclesiae additis et detractis nonnullis, ut vix duo codices antiqui prorsus similes reperiantur."

Bezug auf den Ursprung des Ganzen von Wichtigkeit, wenn sich nachweisen liesse, dass beide Theile der Handschrift ursprünglich zu einander gehören. Dies ist jedoch offenbar nicht der Fall. In paläographischer Hinsicht würde nichts entgegenstehen, da die kleinen Schriftzüge des Calendars mit den grossen des Liber Sacramentorum gleichzeitig entstanden sein könnten; hingegen lassen sich inhaltlich zahlreiche Differenzen nachweisen.

Zunächst stimmt die Datirung einzelner Festtage nicht. Im Calendarium steht Nicomedis m. am 15. September, im Sacramentarium ist das Fest dieses Heiligen auf Cal. Jun. gelegt; die depositio Sci. Benedicti steht im Calendarium zum 21. März, im Sacramentarium innerhalb der Juni-Feste, wo im Cal. die translatio dieses Heiligen vermerkt ist. Sodann sind im Sacramentarium Festbezeichnungen vorhanden, die erst nachträglich in das Calendarium eingetragen sind, wie: Martini epi. und Menne m. Ausserdem unterscheiden sich Sacramentarium und Calendarium in der Bezeichnung einzelner Feste (Theophania — Epiphania; Purificatio Scae Mariae — Susceptio Domi in templo), in der Schreibweise der Namen der Heiligen (Hyacintus und Ernes — Jacyntus und Hermes) und in der Bezeichnung derselben (Papa — Pontifex; Mart. — Ev. etc.). Mögen nun auch die letzt angeführten Abweichungen minder in's Gewicht fallen, die Verschiedenheit einiger Datirungen ist allein schon dafür entscheidend, dass beide Theile ohne Rücksicht auf einander entstanden sind. Die Beweiskraft der Calender-Angaben für den Ursprung des ganzen Werkes wird dennoch durch diese Thatsache in keiner Weise gemindert[*]). Wir wissen aus dem alten Kataloge der Reichenauer Bücherei aus dem Anfang des IX. Jahrhunderts (abgedr. bei Neugart, Episc. Const. I, 532 f.), dass daselbst unter andern Mss. allein 56 Sacramentarien vorhanden waren, die doch sicherlich nicht alle zu eignem Gebrauch des Klosters bestimmt gewesen sind, sondern auch zu Geschenken oder als Tauschgegenstände gedient haben werden[**]). Wenn wir nun annehmen, dass unser Sacramentar nicht von vornherein für die liturgischen Zwecke des Reichenauer Münsters geschrieben, sondern gelegentlich aus dem Bücherschatze des Klosters genommen und unter Hinzufügung des Calenders für den Gebrauch daselbst zurecht gemacht worden ist, so verlieren die oben angeführten, dem Hinweis des Calenders anscheinend entgegenstehenden Eigenthümlichkeiten des Textes ihre negative Bedeutung.

Zur weiteren Begründung unserer Annahme von dem Reichenauer Ursprunge des Heidelberger Codex müssen wir nunmehr unter den mehr oder minder beglaubigten Erzeugnissen der Reichenauer Schule aus dieser Zeit Umschau halten.

Die Grossherzogliche Hof- und Landesbibliothek in Karlsruhe, in deren Besitz

[*]) Aehnliche Differenzen zwischen Calendarium resp. Martyrologium und Sacramentarium finden sich bereits in dem alten merovingischen Codex der Zürcher Kantonalbibliothek (Rhenanus 30; s. M. Gerbert's Vet. lit. alem. Disqu. II cap. II, 13 pg. 137), sowie in dem oben erwähnten Sacramentarium Salodurense.

[**]) Ueber die Gründung der Reichenauer Bibliothek unter Abt Waldo um die Wende des IX. s., sowie über die Vermehrung derselben, hauptsächlich unter Abt Erlebald (822—838) und dessen Nachfolgern, berichtet Schönhuth in seiner Chronik des ehemaligen Klosters Reichenau (Freiburg i. Br. 1836).

die Handschriften des i. J. 1799 aufgehobenen Klosters Reichenau gelangt sind, liefert nur geringe Ausbeute. Ein einziges Ms. des X. Jahrhunderts ist uns daselbst begegnet, welches mit Initialen reicher verziert erscheint (Cod. Reichenau XXXVII). Die Uebereinstimmung der letzteren mit denen unseres Sacramentars ist nun in der That eine ausserordentlich grosse, und wir werden unten wiederholt darauf zurückzukommen haben; die übrigen Mss. könnten höchstens in paläographischer Hinsicht zum Vergleich herangezogen werden. Da jedoch während des X. Jahrhunderts im ganzen ehemaligen fränkischen Reiche eine so durchgehende Uebereinstimmung sowohl hinsichtlich der Schriftzüge der Karolingischen Minuskel und der zu den Rubriken verwandten beiden Majuskelarten, als auch hinsichtlich der allgemeinen äusseren Anordnung der Handschriften, der Liniirung, Rubricirung u. s. w. vorhanden ist, dass in dieser Beziehung eine einigermassen sichere Unterscheidung einzelner Klosterschulen nur in Ausnahmefällen*) möglich erscheint, so ist aus den betreffenden Karlsruher Handschriften, ausser der Constatirung einer allerdings sehr nahen Schreibverwandtschaft, für unseren Zweck nichts zu entnehmen.

Die einzige in den gen. Mss. vorhandene Miniatur aus dieser Zeit, auf Fol. 143ᵃ des Cod. Reichenau CCV, stammt aus dem Schluss des X. Jahrhunderts. Dieselbe steht zu Beginn eines i. J. 994 durch den Reichenauer Mönch Purkhard zu Ehren des hochstigen Abtes Witigowo verfassten Lobgedichtes, und zeigt in der Mitte die thronende Maria mit dem Christuskinde, rechts daneben Abt Witigowo, durch eine Beischrift bezeichnet, sowie diesem gegenüber, auf der andern Seite der Jungfrau, St. Pirmin, den Stifter von Reichenau, sammt einigen Mönchen. Der Dichter, „Rusticus poëta", hat sich mit vorgestreckten Händen zu Füssen des Thrones niedergeworfen. Zu äusserst links erscheint eine weibliche Gestalt, „Augia", welche eine Anzahl sich bogenförmig bis auf die andere Seite des Bildes über die Mittelgruppe hinüber erstreckender Baulichkeiten, die Klostergebäude der Insel, mit erhobenen Armen stützt**). Einer Vergleichung dieses sicher beglaubigten Bildes mit den beiden in unserm Sacramentar befindlichen Darstellungen tritt der Umstand hinderud entgegen, dass, abgesehen von der zeitlichen Differenz, die dargestellten Gegenstände gar keine Berührungspunkte bieten. Das Karlsruher Bild ist eine flüchtige Illustration mit vielen Figuren und nur leicht bemalt; die beiden Miniaturen in unserm Sacramentar dagegen sind ceremonielle Andachtsbilder, Einzelfiguren mit grosser technischer Sorgfalt ausgeführt und glänzend in Farben. Ein Anhaltspunkt in unserm Sinne ist also auch hier nicht zu gewinnen.

Als sicheres Erzeugniss der Reichenauer Schule aus dem vorletzten Dezennium

*) Dazu gehört die Schule von Tours mit ihren vom Comte de Bastard entdeckten und von L. Delisle weiter verfolgten eigenthümlichen Semi-Uncialen.

**) Der Text des Gedichtes in den M. G. SS. IV, 621 f.; eine Abbildung in Mone's Quellensammlung der badischen Landesgeschichte, Karlsruhe 1864, Bd. III. Dieselbe leidet daran, dass sie den leichten Farbenauftrag des Originals, bes. das Blau, viel zu schwer und deckend, sowie den Purpurgrund zu braun und stumpf wiedergiebt.

des X. Jahrhunderts ist das unter dem Namen *Codex Egberti* bekannte Evangelistarium der Stadtbibliothek in Trier für unsere Untersuchung von besonderer Bedeutung[*]). Trotz des dazwischen liegenden Zeitraums ist die Verwandtschaft mit unserm Sacramentar eine so enge, dass man wohl berechtigt ist, den gleichen Ursprungsort für beide anzunehmen. Aus der Schrift ist auch hier kein sicheres Kriterium herzuleiten, wiewohl die Uebereinstimmung in dem Ductus, den Abkürzungen und Ligaturen eine ungewöhnlich grosse ist; dagegen weisen Stil und Ausführung der verzierten Initialen offenbar auf ein und dasselbe scriptorium hin. Das in der erwähnten Kraus'schen Publikation auf Taf. 14 wiedergegebene Initial C könnte nach Grösse, Stil, Zeichnung und Färbung direkt unserm Sacramentar entnommen sein, und auch das grosse C auf Taf. 8 mit der eingezeichneten Ligatur enthält keinen Zug, der sich nicht hundertmal bei den Initialen unserer Handschrift wiederfände. Wir werden unten näher auf die Verwandtschaft der beiden Handschriften nach dieser Richtung eingehen und begnügen uns an dieser Stelle mit obigen Andeutungen.

Der reiche Bilderschmuck, besonders der Illustrationscyklus zu den vier Evangelien, welcher die kunstgeschichtliche Bedeutung des Codex Egberti ausmacht, ist für unsere Untersuchung von geringerer Bedeutung, da es an bildlichen Vergleichungsobjekten im Heidelberger Sacramentar ganz fehlt. Höchstens die vier Evangelistenbilder der Trierer könnten mit den beiden Rundbildern der Heidelberger Handschrift in Parallele gestellt werden; aus einem Vergleich derartiger, in typischer Form gehaltener Darstellungen ist jedoch selten ein Resultat zu erlangen, da man es eben nicht mit individuellen Schöpfungen, sondern mit mehr oder minder verallgemeinerten Nachbildungen älterer feststehender Vorbilder zu thun hat. Die technischen Einzelheiten sind dabei oft viel entscheidender als die Zeichnung und der Stil. Wir besitzen aus dem Ende des X. Jahrhunderts zwei aus der Reichenauer Schule hervorgegangene Illustrationscyklen zur neutestamentlichen Geschichte: die Oberzeller Wandgemälde und die Miniaturen des Codex Egberti. Trotz vieler übereinstimmender Züge ist die stilistische Verwandtschaft dennoch hier nicht einmal so gross, dass man berechtigt wäre, rein aus der äussern Erscheinung auf den gleichen Ursprung beider Arbeiten mit einiger Sicherheit zu schliessen. Ist somit selbst bei solchen, dem Zwange der Ueberlieferung weit weniger unterworfenen Darstellungen ein ausgeprägter Schulcharakter nicht vorhanden, wie viel weniger wird sich ein solcher bei typisch fixirten Vorwürfen äussern können. Ausserdem handelt es sich aber im vorliegenden Falle nicht um Darstellungen desselben Typus, sondern nur verwandter Typen; es

---

[*]) Mustergültige Publikation dieser Handschrift von Fr. X. Kraus; die Miniaturen des Codex Egberti, Freiburg i. Br. 1884; leider ohne Farbenproben. Zuerst ausführlich besprochen von K. Lamprecht in den Bonner Jahrbüchern 1881, Heft 70 S. 56 f. In neuster Zeit haben darüber geschrieben: St. Beissel in: die Bilder der Handschr. Kaiser Otto's im Münster zu Aachen, Aachen 1887, S. 9 f., und in dem Aufsatz über Bischof Egbert von Trier und die byzant. Frage, Stimmen aus Maria Laach XXVII S. 269 f., sowie Anton Springer in dem oben citirten Aufsatze über die deutsche Kunst im X. Jahrhundert.

2*

kann also nicht befremden, wenn wir uns darauf beschränken zu constatiren, dass zwischen den oben genannten Darstellungen nur eine gewisse Stilverwandtschaft allgemeiner Natur vorhanden ist, und dass in Zeichnung und Farbengebung einzelne übereinstimmende Züge hervortreten.

Dagegen ist das Vorkommen des genannten Purpurgrundes in beiden Handschriften und die übereinstimmende Art der Ausführung desselben bemerkenswerth. Wir scheinen es hier in der That mit einer Eigenthümlichkeit des Reichenauer scriptorium zu thun zu haben*).

Ebensowenig wie die Miniaturen des Codex Egberti bieten die oberwähnten, neuerdings aufgedeckten Wandmalereien der St. Georgskirche zu Oberzell auf der Reichenau**) Stoff zu vergleichenden Untersuchungen mit unserem Sacramentar. Das Bild des thronenden Weltrichters an der Westapsis wäre allerdings in Betracht zu ziehen, doch macht der verdorbene Zustand des Wandgemäldes jede Vergleichung unmöglich.

Neben den obengenannten sicher beglaubigten Reichenauer Erzeugnissen treten eine Anzahl Handschriften auf, welche mit mehr oder minder grosser Wahrscheinlichkeit mit Reichenau in Beziehung gebracht werden können. Zunächst das oben erwähnte *Sacramentarium Augiense*. Dasselbe befindet sich in der Wiener Hofbibliothek (Cod. theol. lat. No. 1815), stammt aus dem X. s. und enthält vorn ein Calendarium***), welches, von derselben Hand geschrieben wie der übrige Text, durch seine Hinweise auf Reichenau zu der Bezeichnung des Codex als Augiensis Anlass gegeben hat. Michael Denis†) beschreibt die Handschrift dem Inhalt nach ausführlich, und es geht daraus hervor, dass sowohl in der Ordnung der Messen, ihrer Reihenfolge und Anzahl, als auch in dem Texte und den Ueberschriften ganz erhebliche Abweichungen von unserem Sacramentar vorkommen. Bezüglich der Handschrift bestätigt sich das Urtheil M. Gerbert's, welcher dieselbe als mit der unseres Codex in hohem Grade übereinstimmend bezeichnet††). Bilder sind in der Handschrift nicht vorhanden†††), dagegen eine Anzahl Initialen, welche im Stil von unseren Zierbuchstaben nicht unerheblich abweichen*†).

---

*) S. u. S. 45.

**) Publicirt von F. X. Kraus und Franz Baer, Freiburg i. Br. 1884; besprochen von Adler, A. Springer, Lübke, Janitschek u. A. Otte nimmt ohne nähere Begründung eine Uebermalung dieser Fresken im XIV. s. an (s. Zur Staurologie und Ikonographie des Kruzifixes: Jahrb. d. K. Pr Ksts, VI. S. 169).

***) Abgedr. in F. Piper's Karls des Gr. Calendarium und Ostertafel, Berlin 1858, S. 77 f., bespr. von M. Gerbert in den Mon. Vet. Lit. Alem. I., pg. 451.

†) Codd. Mss. Theol. Bibl. Pal. Vindobonensis latini. Wien 1795, T. III, 3025.

††) Herr Dr. Chmelarz, Custos an der Hofbibliothek in Wien, hatte die Güte, mit Hilfe eines von mir gesandten Lichtdruckes die Schriftzüge beider Handschriften zu vergleichen und urtheilt: „dass beide entschieden denselben Zug zeigen". Auch die übrigen Nachrichten über den Wiener Cod. verdanken wir dem freundlichen Entgegenkommen des genannten Herrn, ebenso l'ausen von einigen Initialen.

†††) Wahrscheinlich, dass die zu Anfang des Canon ausgeschnittenen Blätter Miniaturen enthalten haben und eben deshalb die Raublust erweckten.

*†) S. u. S. 53.

Das *Sacramentarium San Blasianum*, welches Gerbert gleichfalls als in den Schriftzügen mit dem Augiense und Petershusanum vollkommen übereinstimmend bezeichnet, ist dem Verfasser sowohl seinem Inhalte, als seinem jetzigen Aufenthaltsorte nach unbekannt geblieben *). Noch in Betracht zu ziehen wäre das von Gerbert gleichfalls benutzte *Sacramentarium Solodorense*; dasselbe soll mit dem Sacramentarium San Blasianum und dem Petershusanum sowohl in der Ausstattung („codem literarum ornatu, initialium praesertim auro, argento, variisque coloribus picturarum") als auch in Bezug auf die Schrift solche Aehnlichkeiten besitzen, „ut, si non omnes unum eundemque scriptorem habuisse dicendi forent, ex una schola calygraphorum prodiisse pro certo habendi sint" **). Wir haben schon oben auf die Widersprüche in den Angaben M. Gerbert's hingewiesen. Da das Sacramentarium Solodorense aus dem Kloster Hornbach stammen soll, wie in der Praefatio nachgewiesen wird, so müsste auch unser Ms. aus dieser Pirminstiftung stammen. Im weiteren Verlauf der Praefatio wird aber die nahe Verwandtschaft unseres Petershusanum mit dem Wiener Augiense constatirt ***), und somit auf Reichenauer Ursprung geschlossen. Mit diesen Angaben ist also für unseren Zweck nichts anzufangen. Der Codex Solodorensis ist dem Verfasser aus eigner Anschauung nicht bekannt, doch verdankt derselbe brieflichen Mittheilungen die Nachricht, dass sich derselbe „seit Jahrhunderten, wenigstens seit dem XV. s. laut einer Ueberschrift, in dem Kirchenschatze (der Küsterei) des nun aufgehobenen Kollegiatstiftes Solothurn befindet und vermuthlich aus dem Benediktinerkloster Reichenau nach Solothurn gekommen ist. . . Geschrieben wurde das Buch im X. s. in der Pirminstiftung Hornbach (Rheinpfalz) von dem Mönche Eburnant unter dem Abte Adalbert (nach einer Mittheilung Mone's um 970) und kam wohl zunächst in die Pirminstiftung Reichenau. Die Bilder tragen den Charakter der irischen ? Schule, die Randverzierungen und die Schrift sind sehr schön" †). Die Bilder sind in den Monum. Vet. Lit. Alem. T. I Praef. XI. ausführlich beschrieben und erklärt. Vielleicht lassen sich die widersprechenden Angaben Gerbert's auf Grund obiger Mittheilung dahin vereinigen, dass das Ms. in Reichenau für Hornbach geschrieben ist. Die von Gerbert hervorgehobene Aehnlichkeit mit unserer Handschrift wäre dann ebenso erklärlich, wie die mit der Wiener.

Mit dem Codex Egberti und der Reichenauer Schreibschule ist ferner in Verbindung gebracht worden ein *Psalterium* der Dombibliothek *in Cividale*, der sogen. Codex

---

*) In letzter Stunde hatte Herr Dr. Holder in Karlsruhe die Güte, dem Verfasser die Mittheilung zu machen, dass in dem Katalog des Benediktinerstiftes St. Paul in Kärnthen diese Handschrift unter No. XXV a (20), mit dem Zusatz „Nunc deest" und mit dem Hinweis auf die Mon. Vet. Lit. Alem. von Gerbert verzeichnet steht.

**) Mon. Vet. Lit. Alem. T. I, Praefatio; auf pag. 452 desselben Bandes wird diese Angabe wiederholt; auch in den Disquis. II, cap. II, pg. 91 nennt er das Sacr. S. Blasianum als mit dem Petershusanum „maxvum ac similimum", ebenso l. c. pg. 140.

***) Ebenso l. c. pg. 451. Noch auffälliger ist dieser Widerspruch, wenn man l. c. in den Observat. praeviae pg. 450 und 452 vergleicht.

†) Gütige Mittheilung des Herrn Dr. Fr. Fiala, Bischofs von Basel.

Gertrudianus*). Leider sind die Bilder desselben bisher nur aus einer Beschreibung Eitelberger's im 2. Bande des Jahrb. d. K. K. Central-Kommission zur Erforschung und Erhaltung der Baudenkmale (Wien 1857) bekannt **); es erhellt zwar daraus, dass, abgesehen von einigen später eingefügten byzantinischen Bildern, eine deutsche Arbeit des X. Jahrhunderts vorliegt, aber über den Ursprung derselben erfahren wir nichts Näheres. Für unsere Untersuchung ist diese Handschrift mithin belanglos, ebenso wie auch die zeit- und stilverwandten Evangeliare in Gotha (der Epternacher Codex) und Aachen (Handschrift Kaiser Otto's im Münsterschatze), über deren Zusammenhang mit dem Codex Egberti von St. Beissel neuerdings eingehende Untersuchungen angestellt worden sind***), an dieser Stelle ausser Betracht bleiben können, da ein Zusammenhang mit der Reichenau direkt nicht nachweisbar ist.

Dagegen haben wir noch ein *Evangeliar* zu erwähnen, welches auf der Grossh. Bibliothek *in Darmstadt* (No. 1948) aufbewahrt wird, und seine Verwandtschaft mit unserer Handschrift, abgesehen von der vollkommensten Uebereinstimmung der Schriftzüge, äusserlich schon dadurch kundgiebt, dass es eine Wiederholung unseres Christusbildes enthält. Auch hinsichtlich der Initialen herrscht die grösste Uebereinstimmung, so dass man allein schon daraus unbedenklich auf gleichen Ursprung beider Mss. würde schliessen dürfen. Auf der Rückseite des 6. Blattes des Darmstädter Codex erblicken wir den heiligen Petrus, welchem ein Geistlicher in voller Priesterkleidung †) ein Buch überreicht. Die gegenüberstehenden leoninischen Hexameter lauten:

Ianitor o caeli decus et lux aurea mundi

Princeps aecclesiae petrus de nomine petrae

Credita terrigenas cui solvere summa potestas

Vilia quaeso tui munuscula suscipe servi

Nam fero quod potero non quantum debitor exto.

. . . .

Ianua Petre tuo caeli sit aperta *Gerhoo.*

Auf dem zweiten Bilde nimmt der Geistliche, weniger feierlich gekleidet, das-

---

*) S. F. X. Kraus i. d. Bonner Jahrbüchern H. 38, S. 44, und K. Lamprecht in derselben Zeitschrift H. 70, S. 58 f.

**) Das. auch ein kleiner ungenügender Holzschnitt als Probe.

***) A. a. O. pg. 29 und 60. Dafür, dass das Aachener Evangeliar auf der Reichenau entstanden sein könne, führt Beissel das Vorkommen des Namens Liuthar auf dem Dedikationsbilde an. Damit sei nämlich der Abt Liuthar der Reichenau, der im Jahre 949 gestorben, gemeint. Im aber Beissel selbst hervorhebt, wie häufig dieser Name in jener Zeit anzutreffen sei, und seine Prämisse, dass unter dem Bilde Liuthar's jedenfalls ein Abt zu erkennen sei, nicht unbedingt zuzugeben ist, so beruht die Annahme auf zu schwachen Füssen, um ein Resultat für die Ursprungs-Untersuchung unserer Handschrift daraus herleiten zu können.

†) Eine ungenügende Wiedergabe dieser Figur in von Hefner-Alteneck's Trachten etc. Taf. 13.

selbe Buch aus der Hand eines vor ihm stehenden Mönches*) in Empfang. Die gegenüberstehenden Verse lauten:

Basilicae petri custos venerande beati
Saepius optatum gratanter sume libellum
Quod tibi fert A n n o saltim pro munere parvo
Scribendi indocilis tibi sed tamen ille fidelis
Omnimodisque tui spontaneus assecla voti.
Hoc cum divinum celebres in codice cultum
A duo veniam scriptori posce merendam
Tecum participem faciens apud omnipotentem;
Gaudeat ut messor pariter sementis et auctor
Fructum laturi mercedis in horrea caeli.

Hieraus geht hervor: 1) dass das Buch von einem Geistlichen**) Namens Anno auf Befehl eines höhern Geistlichen Gero gefertigt und 2) dass dasselbe für den Gebrauch in einer dem S. Peter geweihten Kirche bestimmt war. Unseres Erachtens weisen diese Angaben auf den Erzbischof Gero von Köln 969—976, und dessen Hauptkirche, den dortigen Dom hin; diese Annahme steht zeitlich mit der unsern Erscheinung des Werkes durchaus im Einklang. Dass die Handschrift aber auch in Köln entstanden sei, ist keine nothwendige Schlussfolgerung, sondern sehr wohl anzunehmen, dass ein Reichenauer Schreiber Anno das Darmstädter Evangeliar für den Kölner Erzbischof auf Bestellung angefertigt habe, nach Analogie des Egbert-Codex, welcher nachweislich ungefähr zur selben Zeit von den Reichenauer Mönchen Kerald und Heribert für den Erzbischof von Trier geschrieben worden ist.

Ein Vergleich dieser beiden letztgenannten Handschriften zeigt gleichfalls die grösste Uebereinstimmung sowohl hinsichtlich der Schrift wie der Initialen, anderseits aber eine grössere Stilverschiedenheit in den vier Evangelisten-Bildern, als eine Vergleichung der Bilder des Trierer Codex und der unseres Sacramentars ergeben hat. Die vier Bilder in der Darmstädter Handschrift sind weit lebensvoller als im Codex Egberti und mehr in der Art der älteren karolingischen Evangelistenfiguren gehalten. Dieselben erinnern z. B. auffallend an die entsprechenden Darstellungen im „Ada Codex" der Trierer Stadtbibliothek; wir finden dort dieselben Eigenthümlichkeiten in der Zeichnung der Figuren, des Hintergrundes, der symbolischen Thiergestalten u. s. w.; besonders aber auch in der

---

*) Ganz ähnlich wie Liuthar auf dem ersten Widmungsblatte des Aachener Evangeliars; Abbild. bei St. Beissel a. a. O. Taf. 2.

**) St. Beissel (a. a. O. S. 58) nimmt an, dass unter diesen in Mönchstracht auftretenden Geistlichen nicht der Schreiber, sondern stets der Abt des Klosters zu verstehen sei; dieser Annahme widerspricht im vorliegenden Falle die Bitte für den scriptor, da nicht anzunehmen ist, dass Anno für einen Schreiber bitten, sich selbst aber vergessen wird. Der Ausdruck scribendi indocilis ist eine captatio benevolentiae.

Farbengebung ist eine auffallende Uebereinstimmung vorhanden[*]. So gelangt z. B. auch die altkarolingische Gold-Höhung, welche am Ende des X. s. bereits ganz ausser Mode gekommen war, wenigstens auf rothem Grunde wieder zur Anwendung. Dem Zeichner der Darmstädter Miniaturen lagen offenbar bessere ältere Darstellungen dieser Art vor, als dem des Egbert-Codex. Die fünfte Darstellung ist, wie erwähnt, eine Kopie nach dem Christusbilde unseres Sacramentars oder eines beiden Darstellungen gemeinsamen Vorbildes[**]. Die sechste und siebente Darstellung zeigen die Rathlosigkeit des durch das Kopiren verwöhnten Mönches. Die Kräfte versagen ihm, wenn es sich um selbständige Erfindung handelt, während die Bibel-Illustrationen des Egbert-Codex weit besser ausgefallen sind, als die starren Evangelistenbilder und das Widmungsbild zu Beginn des Buches. Unter den sieben Bildern des Darmstädter Codex sind somit drei verschiedene Malarten vertreten, und doch ist unseres Erachtens nicht zu zweifeln, dass dieselben von einer Hand herrühren[***]. Eine ähnliche Stilverschiedenheit zeigen z. B. auch die fünf grösseren Darstellungen im Epternacher Codex. Das Bild Christi ist im altchristlichen Typus gehalten, während die vier Evangelisten stark byzantinisch beeinflusst sind. Im Ganzen können wir aber aus der stilistischen Verschiedenheit der Bilder im Codex Egberti und im Darmstädter Evangeliar aus oben erörterten Gründen ein Argument gegen die gleiche Abstammung beider Handschriften nicht herleiten; die auffallende Uebereinstimmung der Initialen steht wenigstens als kräftigeres Argument gegenüber.

Sehr nahe mit unserer Handschrift verwandt sind schliesslich die beiden Sacramentare der Züricher Kantonalbibliothek: Rheinau 71 und 75[†]. Das ältere derselben (Rheinau 71) ist ohne Zweifel das von M. Gerbert in den Mon. Vet. Lit. Alem. im Gegensatze zu einem noch älteren Sacramentar des Klosters Rheinau, als Rhenaugiensis alter, bezeichnete Ms., und enthält sowohl im Calendarium wie im Text unverkennbare Hinweise auf Reichenauer Ursprung, z. B. die dedicatio ecclesiae Sanctae Mariae zum 16. August und die susceptio Domini in templo zum 2. Februar, welche genau mit den betr. Angaben in unserm Calendarium übereinstimmen; ferner im Texte die Messen: In nat. S. Pimenii m. und S. Valentis[††]. Bilderschmuck ist in der Handschrift nicht vor-

---

[*] Nahe verwandt sind auch die beiden Bilder des Lucas und Johannes im Cod. Pal. lat. 50 der Vatikan. Bibl. Es kommen dort z. B. auch dieselben Rosetten vor, wie auf dem Mantel Maria's im Heidelb. Sacram. und dem des Johannes im Darmstädter Evangeliar, ferner dieselbe Verzierungsweise des Nimbus mittelst radialer Streifen, wie bei der letztgenannten Darstellung.

[**] Näheres darüber s. u. S. 32.

[***] Ausser diesen sieben Vollbildern zu Anfang des Ms. ist nur noch eine Darstellung: die Frauen am Grabe Christi, innerhalb eines Initials M auf Fol. 86a vorhanden. Mit der Darstellung derselben Scene im Cod. Egberti ist keine Aehnlichkeit zu entdecken. Dass die drei Handschriften: das Sacram. Soloderense, der Codex Gertrudanus in Cividale und das Darmstädter Evangeliar übereinstimmend auf den betreffenden Widmungsbildern den h. Petrus zeigen, ist Zufall; das Kloster Hornbach, der Dom von Trier und der von Köln standen eben alle drei unter dem Schutze des Apostelfürsten.

[†] Der erstere Codex enthält daneben ein Graduale des XI. s., der letztere ein Evangelistar des XV. s.

[††] Ueber deren Bedeutung für Reichenau s. o. S. 7.

handen; Schrift und Initialen zeigen bei aller Verwandtschaft mit unserem Sacramentar einen jüngeren Charakter, wie denn auch die Farbengebung bei den Initialen nicht mehr das feine Gefühl für Mässigung verräth, welches unseren Codex auszeichnet. Silber ist gar nicht zur Verwendung gelangt.

Die andere Handschrift stammt aus dem Beginn des XI. Jahrhunderts. Dieselbe enthält ein Necrologium, das gleichfalls den Reichenauer Ursprung sehr wahrscheinlich macht; der Text war durch mehrere Miniaturen mit figürlichen Darstellungen verziert. Erhalten ist davon nur eine Darstellung des Gekreuzigten in Verbindung mit dem Buchstaben T (e igitur etc.) zu Beginn des Mess-Canon*). Christus erscheint darauf nur mit einem violetten Schurz bekleidet, bartlos, mit rothbraunem Haar und Stirnlocke (wie in unserer Handschrift), sowie mittelst vier Nägeln an's Kreuz geschlagen. Das Haupt ist leise zur Seite geneigt, der Körper hängt schlaff herunter. Störend wirken die übergrossen Proportionen der Füsse und die Hervorhebung der anatomischen Hauptlinien durch kräftig eingezeichnete braune Striche; dagegen fesselt der Ausdruck des Gesichtes und die freie Auffassung des Ganzen, die nichts schematisches, „byzantinisches" verräth**). Der Verlust der übrigen Bilder erscheint in Hinblick auf diese vorzügliche Darstellung doppelt schmerzlich. Die zahlreichen Initialen der Handschrift verzichten auf Gold und Silber und zeigen bereits eine gewisse Verwilderung der Formen. Menschen- und Thierformen dringen ein, Willkür tritt an Stelle der strengen Ueberlieferung.

Werfen wir einen Rückblick auf die vorstehenden Untersuchungen, so lässt sich nicht leugnen, dass durch den Vergleich mit den ungefähr gleichzeitigen, theils sicher beglaubigten, theils zweifelhaften Erzeugnissen der Schreibschule von Reichenau, die aus den betreffenden Angaben des Calendariums geschöpfte Annahme vom gleichen Ursprunge des Heidelberger Sacramentars eine wesentliche Unterstützung gefunden hat. Vielleicht gelingt es mit der Zeit, durch Erweiterung des Vergleichungs-Materials weitere Anhaltspunkte in dieser Richtung zu gewinnen; die vorhandenen scheinen uns aber schon hinlänglich genügend, um das Reichenauer scriptorium für unsere Handschrift in Anspruch nehmen zu können. Wann dieselbe nach dem benachbarten Petershausen gelangt ist, wird schwer nachzuweisen sein. Wahrscheinlich nicht so bald nach Stiftung dieses Klosters, da die ersten daselbst vorgenommenen Eintragungen aus dem XII. Jahrhundert herzurühren scheinen. Hierzu gehört besonders die Verzeichnung des Festtages des Gründers von Petershausen, des Bischofs Gebhard von Constanz, im Calendarium zum 27. August.

---

*) V. unten S. 23.

**) Nahe verwandt sind die betr. Kreuzigungsbilder in den St. Galler Sacramentarien des XI. s. No. 340 und 341. Die Priorität und die Superiorität des Züricher Bildes sind unbestreitbar; auch der Gekreuzigte an der Westwand der St. Georgskirche auf der Reichenau (s. o.) zeigt verwandte Züge. Ueber die Kreuzigungsbilder in der mittelalterl. Kunst und die sich daran knüpfenden Fragen handelt ausführlich: F. X. Kraus. Der heilige Nagel zu Trier, Beiträge zur Trier. Arch. 1. Bd. Trier 1868, sowie Stockbauer, Kunstgesch. des Kreuzes, Schaffhausen 1870. Weitere Literatur in F. X. Kraus' Real-Encyklopädie der christl. Alterthümer ad v. Kreuzigung.

Vielleicht ist auch damals die Octava S. Pirminii, des Stifters von Reichenau (IV. Id. Nov.), ausradirt worden. Auffällig ist, dass keine weitern Eintragungen erfolgt sind, so z. B. des wichtigen Festtages der dedicatio ecclesiae V. Kal. Nov.

Wir lassen jetzt zunächst eine Beschreibung der Handschrift folgen[*]. Der Codex besteht aus 266 Pergamentblättern von durchschnittlich 185 mm Breite und 240 mm Höhe. Das erste sowie das nur halb beschriebene 266te Blatt sind bei der Herstellung des jetzt vorhandenen schmucklosen Einbandes auf das Holz des Deckels aufgeklebt worden. Die Qualität des Pergamentes ist eine ungleichmässige; im Ganzen überwiegt eine gut geglättete, dickere Haut mit zahlreichen ungestopften Löchern. Besonders durch Stärke des Pergaments zeichnet sich der erste Quaternio des Sacramentars aus, welcher zehn bemalte Seiten enthält und wohl in Rücksicht hierauf so dick gewählt worden ist. Auch die folgenden Blätter liegen in Quaternionen; nur gegen den Schluss kommt ein Ternio vor (fol. 241—246). Die stückweise Entstehung des vorderen Theiles der Handschrift (vor fol. 39) geht schon aus der Verschiedenheit der Lagen des Pergaments hervor. Das erste Doppelblatt mit dem angelicum carmen etc. ist, wie erwähnt, mit seiner leeren linken Hälfte auf den Deckel geklebt; dann folgen ein Ternio, ein Binio, ein Quaternio (ein Blatt ausgeschnitten) und ein Ternio. Dieselben enthalten ausser dem Calendarium allerlei Gebete und Urkunden. Der Text im eigentlichen Sacramentar ist bis fol. 108 auf 16 Zeilen, von da bis zum Schluss auf 14 Zeilen, welche denselben Raum einnehmen wie vorher die 16 Zeilen, von einer Hand geschrieben. Der freie Raum schwankt oben zwischen 25 mm und 35 mm, unten zwischen 55 mm und 65 mm; nach dem äusseren Rande zu beträgt derselbe i. m. 50 mm, am Falze i. m. 25 mm[**]. Die Liniirung erstreckt sich in üblicher Weise zwischen je zwei mit 10 mm Abstand gezogenen Senkrechten. Die Zirkelpunkte sind fast durchweg durch das Beschneiden abgetrennt worden; möglich, dass auch auf diese Weise die üblichen Quaternionenzahlen verschwunden sind. An einzelnen Stellen hat der Liniirgriffel das Pergament fast durchschnitten, was sich besonders auf der Rückseite der mit Malerei verzierten Blätter störend geltend macht.

Die Tinte ist von ungleicher Tiefe der Farbe; die Correkturen und Zusätze unterscheiden sich deutlich durch helleren Ton. Die Ueberschriften sind in capitalis rustica, so gut es ging, in den linen leer gelassenen Raum eingeschrieben und laufen,

[*] Während des Druckes kam dem Verfasser die jüngst erschienene Arbeit von Léopold Delisle: Memoire sur d'anciens Sacramentaires im 32. Bande der Memoires de l'Institut National de France, Académie des Inscriptions et Belles Lettres (Paris 1886) zu Gesicht. Der genannte, um die mittelalterliche Paläographie hochverdiente Gelehrte giebt darin meist auf Autopsie gegründete Nachrichten über 127 Sacramentarien von den ältesten (merovingischen) Handschriften des VII. s. an bis zu denen des beginnenden XII. s. Zu den Mss. über deren Verbleib er keine Nachricht zu geben im Stande ist, gehört auch unser Petershausener Sacramentar, so dass unsere ausführliche Beschreibung dieser Handschrift die Lücke in gen. Arbeit auszufüllen im Stande ist. Ueber das gleichfalls von Delisle als ihm unbekannt bezeichnete Sacramentarium S. Blasianum s. o. S. 13.

[**] Die Blatt-Dimensionen des Codex Egbert (nach Lamprecht) sind: 210 × 275 mm; die Entfernungen der Schrift von den Rändern ziemlich genau die gleichen wie in unserer Handschrift.

wo der Platz nicht ausreichte, seitlich an den Zeilenenden herab. Ausser durch diese Rubriken und kleine, vor den Zeilen heraustretende, gleichfalls roth geschriebene Kapitalen sind die wichtigern Text-Abschnitte noch dadurch betont, dass die erste resp. die zwei ersten Zeilen in schwarzen Uncialen geschrieben sind. Die erwähnten Majuskel-Arten verrathen „die Formenunsicherheit, welche das X., XI. und theilweise noch das XII. Jahrhundert in den Rheinlanden charakterisirt"*. Die karolingische Minuskel, in der alles Uebrige geschrieben ist, zeigt einen kräftigen gedrungenen Charakter**); die Abkürzungen sind die gewöhnlichen, Ligaturen selten. (Schriftprobe auf Taf. 8.) Ueber die künstlerische Ausschmückung der Handschrift werden wir unten ausführlich im Zusammenhange berichten.

Ehe wir eine Inhaltsangabe folgen lassen, wollen wir kurz den Begriff des Wortes Sacramentarium erläutern. Die Bezeichnung Sacramentarium stammt, nach Paulus Diaconus, von Gregor dem Grossen, welcher das officium missarum des Papstes Gelasius zuerst gesammelt und in verbesserter Form den liturgischen Zwecken übergeben hat***). Wie schon der Titel: Liber Sacramentorum andeutet, enthält das Gregorianische Sacramentar nicht nur die Messgebete für die einzelnen Feste, sondern auch den Ritus und die Gebete von andern Sacramenten, z. B. der Taufe, wodurch es sich besonders von dem spätern Messbuche (Missale) unterscheidet; ausserdem kommen noch die Benedictiones episcoporum, sowie mancherlei andere Benedictionen und Exorcismen darin vor. Da dasselbe aber nur in Rücksicht auf die Thätigkeit des celebrirenden Priesters zusammengestellt war, so dass nebenher noch andere liturgische Bücher, namentlich das Antiphonarium, Lectionarium und Evangeliarium bei der Messe gebraucht werden mussten, machte sich im Ausgang des Mittelalters das Bedürfniss nach einer geeigneten Zusammenstellung der zusammengehörigen Messbücher, einem Missale Plenarium geltend. Auf Veranlassung des Tridentiner Concils wurde im XVI. Jahrhundert die officielle Redaktion des letzteren zum Abschluss gebracht.

Wir haben nichts Näheres darüber in Erfahrung bringen können, wann die alten Sacramentare ausser Gebrauch gekommen und durch die Missalia ersetzt worden sind. Dass dies allgemein im XII. und XIII. Jahrhundert begonnen, ist wahrscheinlich. Bereits aber bei Handschriften des XI. Jahrhunderts herrscht in den Katalogen vielfach Ungewissheit bezüglich der Bezeichnung: Sacramentar oder Missale, wenn man nicht annehmen will, dass das Missale als Oberbegriff, das Sacramentar als Unterbegriff in sich schliesst. In der Regel geht den alten Sacramentarien ein Calendarium (Computus) oder Martyrologium voraus, theils gleichzeitig entstanden, theils später erst hinzugefügt. Da-

---

*) Lamprecht, Bonner Jahrbücher, LXX, S. 83.

**) Die Minuskel unterscheidet sich von der des Codex Egberti bei aller vorhandenen Aehnlichkeit durch den stärkeren oberen Ansatz der hohen Grundstriche.

***) Näheres darüber in Gofranger's Gesch. der Liturgie, übers. von Flock, Regensburg 1854. S. 175 f. in F. X. Schmid's Cultus der christl. Kirche, Passau 1840, S. 76 f. in Wetzer und Welte's Kirchen-Lexikon s. v. Liturgie u. a. a. O. m.

3*

neben finden sich Calendarien am häufigsten in den gleichfalls zu den Ritualbüchern ge-
hörigen Psalterien.

Das erste Blatt der Handschrift enthält das Salvum fac servum tuum, das ange-
hengte carmen und das credo, jedes von einer andern Hand geschrieben. Hieran schliesst
sich ein Ternio, dessen 12 Seiten das Calendarium füllt. In wie weit letzteres für die
Ursprungsbestimmung unserer Handschrift von Wichtigkeit ist, haben wir oben gesehen.
Vollständig abgedruckt ist dasselbe in M. Gerbert's Mon. Vet. Lit. Alem. I. pg. 469 sq.
und zwar in Verbindung mit dem Calendarium des Solothurner Codex, welches durch
andern Druck unterschieden ist. Leider sind weder die erwähnten spätern Eintragungen
dabei besonders hervorgehoben, noch — ebenso wie bei dem Abdruck des Wiener Calendarium diptychum*) — die Namen durchweg in der Originalschreibweise wiedergegeben.
Im Ganzen finden wir 25 solcher nachträglicher Eintragungen, alle von derselben Hand
herrührend; ausserdem ist von weit jüngerer Hand der Festtag des Stifters von Petershausen nachgetragen. Besonders ausgezeichnet durch Capitalschrift sind die Ascensio
Domini und die Assumptio Sanctae Mariae. Auf die Rasur bei IV. Jd. Nov. ist bereits
hingewiesen.

Das Calendarium entbehrt jeder künstlerischen Ausstattung. In einzelnen Prachthandschriften ist dasselbe innerhalb einer reichen Umrahmung mit Gold und Silber auf
Purpur geschrieben; hier besteht die einzige Verzierung in je einem Gold- und Silbertupfen
innerhalb der beiden Anfangsbuchstaben KL (Kalendae) zu Beginn jeder Seite. In Mennig
geschrieben sind: die Ueberschriften und Unterschriften mit den Angaben der Tages- und
Stundenzahlen, ferner die Datenzahlen, die astronomischen Angaben, sowie jedesmal der
erste Wochen-Buchstabe (A); alles Uebrige in Schwarz. Die Schrift des Calenders gehört
dem X. Jahrhundert an. Auffällig ist der Mangel an Prinzip in den Abkürzungen: auf
einer Seite (Oktober) kommen drei verschiedene Schreibweisen für sociorum vor.

Auf die letzte Seite des Calenders ist das Petershausener Siegel in Stempelform
abgedruckt; dasselbe zeigt ein von Bischofsmütze und Stab überragtes Oval, innerhalb
dessen Schlüssel und Fisch parallel, schräg nach rechts liegend, gezeichnet sind, während
das herumgeschlungene Band die Inschrift: Monasterii Petridomus führt.

Es folgen, mit In conversione Pauli beginnend, auf einem Binio und Quaternio
allerlei Gebete, welche zur Ergänzung des Sacramentars von einer Hand des späten
X. Jahrhunderts zugefügt erscheinen. Dieser Art Vervollständigung begegnen wir häufig
in den alten Sacramentarien**). Dass die Eintragungen in diesem Falle ohne Rücksicht auf
das Calendarium geschehen, beweist z. B. das Fehlen des Festtages der VII Machabaeorum
im Calender, sowie die verschiedene Schreibweise einzelner Namen (Vintrix — Beatrix).

---

*) S. Denis l. c. pg. 3029 sq.
**) Z. B. in den Pariser Mss. der Bibl. Nat.: Lat 12050, 12052, 10501, 9128, 18005, von St. Gene-
vièvre B. B. lat. 20, im Sacr. Angiense in Wien etc.

Die letzten drei Seiten dieser Lage enthalten die Abschrift einer aus dem Jahre 983 datirten Urkunde des Bischofs Gebhard II. von Constanz, worin von einem Tausche von Ländereien zwischen diesem Bischof und dem Kloster Reichenau gehandelt wird und von der Schenkung eines Theiles derselben zur Gründung des Klosters Petershausen nebst den damit verbundenen Privilegien[*]). Die Schriftzüge, welche offenbar eine ältere Urkundenhand nachahmen wollen, weisen auf das XII. Jahrhundert. Der Schlusspassus hinter der Datirung: Hic est primus annus eiusdem monasterii feliciter inceptum, stand sicher nicht im Original — wenn je eines vorhanden gewesen [**]).

Der nächste Ternio und Quaternio werden wiederum von Gebeten, Exorcismen und Benedictionen eingenommen — zwei verschiedene Hände aus dem Ende des X. oder Anfang des XI. Jahrhunderts aufweisend — bis auf die letzten 11 Seiten, welche zu weiteren Eintragungen in der Art der vorstehend erwähnten benutzt worden sind. Den Anfang macht eine zweite Urkunde Gebhard's II. von Constanz, worin nähere Bestimmungen über die Pflichten und Rechte der zum Schutze des Klosters bestellten advocati enthalten sind. Dieselbe ist undatirt und in mancher Hinsicht gleichfalls verdächtig[***]). M. Gerbert [†], welcher diese Eintragung sonderbarerweise als fundationis instrumentum bezeichnet, erwähnt einer Petershausener Tradition, wonach diese Abschrift durch Gebhard eigenhändig in unser Sacramentar eingetragen worden sei, doch steht dieser Ueberlieferung das Aussehen der Schrift unbedingt entgegen. Die Form der Buchstaben weist, ebenso wie bei der vorerwähnten Urkunde, auf eine weit jüngere Zeit. Auffällig ist, dass in unserm Codex die Haupt-Urkunde, welche die Bestätigung der Gründung durch Papst Johannes XV. d. d. 25 April 989 enthält, nicht eingetragen ist [††]. Dagegen folgt auf fol. 29b eine erneuerte Bestätigungsurkunde Eugen's III.: Auf Bitten des Abtes Conrad von Petershausen werden die Gerechtsame des Klosters bestätigt resp. erweitert, und die üblichen Strafen gegen Beeinträchtigung derselben angedroht. Ausserdem sind manche interessante Einzelheiten hinsichtlich der Wahlen und des Begräbnissrechtes darin enthalten. „Datum Altissiodori per manum Guidonis sctae romanae ecclesiae diac. card. et canc. III. id. Julii

---

[*]) Abgedruckt in M. Gerbert's Hist. silvae nigrae III, pg. 14.

[**]) Wegen der auffälligen Thatsache, dass im Jahre 983 gar kein Abt des Namens Alawich in Reichenau gewesen ist (Alawich I. † 958, Alawich II. 997 erwählt), s. M. G. SS. XX, 630, Anmkg. 15. P. Ladewig giebt weitere Nachweise i. d. Regesta Episcop. Const. I. s. n. 346. Eine Urkundenabschrift ist in derselben Weise auf fol. 1ᵃ des Codex Egberti eingetragen. Wir begegnen dieser Sitte in alten Handschriften nicht selten.

[***]) Cf. Ladewig l. c. s. n. 357.

[†]) Hist. silvae nigrae III, pg. 12; das. Abdruck dieser Urkunde; die Tradition erwähnt in Vet. Lit. Alem. Diaquis. II, cap. II, 14 pg. 140.

[††]) Dieselbe findet sich sowohl in unserer Handschrift der Vita Gebehardi, Cod. Sal. IX, 42 (M. G. SS. X, 582), wie auch in den Casus Monast. Petrishusani (M. G. SS. XX, 633), ist aber, den Untersuchungen von Pflugk-Harttung (Hist. dipl. Forschungen, S. 181) zufolge verdächtig. In Jaffé, Regesta Pont. Rom. s. n. 3831 verzeichnet.

Indictione X Incarnationis dominicae anno MCXLVII Pontificatus vero domni Eugenii tertii pp anno tertio". Unseres Wissens ist diese Urkunde bisher nirgends edirt. In Jaffé's Regesta Pontif. Romm. würde dieselbe zwischen No. 9093 und 9094 einzureihen sein und beweisen, dass Eugen III. i. J. 1147 bereits am 13. Juli in Auxerre eingetroffen ist. Der Schreiber suchte wiederum ältere Schreibweise nachzuahmen, in der Art der päpstlichen Kanzleischrift.

Folgt ein Bericht des Abtes Eberhard (Fol. 32ª — 34ᵇ) über den Kirchen- und Klosterbrand v. J. 1195, über die Wiedereinweihung des Gotteshauses nach 21 Jahren, die neu errichteten Altäre, die darin vorhandenen Reliquien u. s. f. Auf dem mit Fol. 33ª beginnenden neuen Ternio wird mit ähnlichen Aufzeichnungen fortgefahren. Zunächst folgt eine kurze Notiz betreffend die Uebertragung der Gebeine des Stifters in einen neuen, reich verzierten Sarg i. J. 1239, darauf abermals eine grössere Urkunde von einer anderen Hand des XIII. s. geschrieben. Bischof Gebhard II. von Constanz verschreibt darin dem Kloster ein Stück Wald zur Holznutzung*). Auch diese Urkunde ist in hohem Grade verdächtig. Die Datirung ist so unsinnig wie möglich und wimmelt von Widersprüchen.

Die fünf darauf folgenden leeren Seiten waren bestimmt, weitere Eintragungen dieser Art aufzunehmen. Fol. 38ᵇ enthält die Praefatio, welche unten zu Beginn des Canons, in Silber auf Purpur geschrieben, wiederkehrt. Mit fol. 39 beginnen die Quaternionen des Liber Sacramentorum, deren erste drei Seiten ursprünglich leer gelassen, nachträglich mit Messgebeten: „In Deposit. Sci Benedicti abb.“ und „VIII K. Mart. Cathedra S. Petri“ beschrieben sind.

Bis hierher entbehrt unsere Handschrift jeder Art künstlerischen Schmuckes, dagegen wird der nun folgende Text des Liber Sacramentorum mit zwei figürlichen Darstellungen eröffnet. Dieselben nehmen zwei gegenüberliegende Seiten (foll. 40ᵇ und 41ª) ein und zeigen in kreisrunder Umrahmung den thronenden Erlöser und eine, ganz als Pendant behandelte Heiligengestalt, über deren Deutung wir unten bei Gelegenheit der Untersuchung der künstlerischen Seite unserer Handschrift ausführlich handeln werden. Wir fahren vorläufig in der Beschreibung des Codex fort, ohne uns dabei auf den Inhalt mehr einzulassen, als für unsere Zwecke erforderlich ist.

Der Text beginnt auf der Rückseite des mit dem Christusbilde verzierten Blattes (fol. 41ᵇ) mit den bekannten Eingangsworten des Gregorianischen Sacramentars in Silberschrift auf Purpur**), von einem bunten Rande umgeben. In gleicher Weise sind die anschliessende Ordo Missae, sowie die Praefatio und der Beginn des Canon Missae aus-

---

*) Dieselbe befindet sich in Ladewig's Reg. Ep. Const. nach dem Drucke bei Neugart zum Jahre 985 unter No. 931 verzeichnet.

**) Dieselben lauten: In Nomine Domini. Incipit liber sacramentorum de circulo anni expositus a sancto Gregorio papa Romano editus et authenticus libro bibliothecae cubiculi (sic!) scriptus qualiter missa romana celebratur ... Ueber diesen Anfang geben ausführliche Erläuterungen: Denis, l. c. pg. 3033, ferner M. Gerbert i. d. Lit. Vet. Alem. Disq. II, pg. 107, sowie die Mauriner Ausgabe der Werke des h. Gregor, Bd. III, pg. 274.

gezeichnet; im Ganzen acht bunt verzierte Seiten. Wir finden diese Art einer mehr oder
minder reichen Ausstattung des Text-Anfanges fast in allen Sacramentarien des IX. und
X. Jahrhunderts; unser Ms. ist jedoch eines der prächtigsten nach dieser Richtung hin.
Die gewöhnliche Schrift setzt auf fol. 45ᵃ ein und läuft ununterbrochen fort bis fol. 54ᵇ.
Hier sind wieder zwei Schauseiten eingefügt, die eine nur die Worte: In die ad missam,
in Silberschrift auf gemustertem Purpurgrund, die andere ein grosses Initial C mit den
übrigen Buchstaben des Wortes Concede enthaltend. Eine ähnliche Unterbrechung des
Textes erfolgt nur noch einmal: bei Beginn der Ostercollecte auf foll. 105ᵇ und 106ᵃ.
Mit fol. 234ᵃ beginnen die Benedictiones episcoporum, welche minderwerthigen Initialen-
schmuck aufweisen, im Uebrigen sich in der äusseren Anordnung nicht von dem vorderen
Theile des Sacramentars unterscheiden.

Ehe wir an unsere Hauptaufgabe, die Betrachtung der künstlerischen Seite der Handschrift, herantreten, wollen wir den Bilderkreis der alten Sacramentarien kurz in's Auge
fassen. Die grosse Mehrzahl der Handschriften aus vorkarolingischer Zeit, welche uns bekannt geworden sind, entbehrt des Bilderschmuckes vollständig, so z. B. das merovingische
Sacramentar in Zürich (Cantonalbibl. Rheinau XXX), und das auf der Stiftsbibliothek
von St. Gallen unter No. 348 aufbewahrte Sacramentar, welches wohl mit dem von
M. Gerbert häufig benutzten San-Gallense identisch ist*); dagegen weist das auf merovingischen Ursprung zurückgehende Sacramentar der Abtei Gellone bei Toulouse (Paris,
Bibl. Nat. lat. 12048)**), ausser einer grossen Zahl von figürlichen Darstellungen innerhalb farbiger Initialen***), zu Beginn des Canon Missae eine Kreuzigung auf, deren Vorkommen an dieser Stelle für die Folge geradezu typisch geworden ist. Die Darstellung
selbst ist ganz roh. Der Gekreuzigte erscheint nackend (Ton des Pergaments) bis auf den
Lendenschurz, mit vier Nägeln an's Kreuz geschlagen, in langem, ungetheiltem Barte,
sowie mit Kreuznimbus. Die Zeichnung ist in rohen Umrisslinien (dunkelbraun) ohne
Angabe von Schatten oder Modellirung ausgeführt, und das herabrieselnde Blut allzu
reichlich mit Mennig angedeutet. Im Gesicht treten einige roth aufgesetzte Lichter
hervor. Die T-Form des Kreuzes ist in charakteristischer Weise als Initial benutzt, dem
die übrigen Buchstaben (T e igitur sich anschliessen. Wir haben es somit bei dieser Darstellung mit einer Verschmelzung von Initial und Bild zu thun, welche, wie wir unten sehen
werden, bei den spätern Kreuzigungsbildern an dieser Stelle fast zur Regel wird.

Im IX. Jahrhundert wird der Bilderschmuck häufiger, ohne dass sich jedoch ein

---

*) Auch die von Delisle l. c. von No. 1—11, beschriebenen Sacramentare des VII. und VIII. s. ent-
behren des Bilderschmucks, mit Ausnahme von No. VII, dem oben beschriebenen Sacramentar von Gellone.

**) Ehemals Sancti Germani a Pratis No. 163.

***) Grössere Bilder dieser Art: fol. 1ᵇ Maria, die Evangelisten auf foll. 42ᵃ, 42ᵇ und 115ᵇ, sowie ein
Mann, dürre Aeste zerhackend auf fol. 76ᵇ.

bestimmtes Prinzip und eine wiederkehrende Reihenfolge in den Illustrationen nachweisen liesse. Eine Hauptrolle spielen zunächst die Widmungsbilder, welche mit dem Inhalte des Werkes in keiner Beziehung stehen und sich auch in Bibeln *), Antiphonarien **), Evangeliarien ***), Psalterien†) und anderen kirchlichen Büchern††) der damaligen Zeit vorfinden. So enthalten z. B. das aus der Schule von Metz stammende Sacramentar (Paris, Bibl. Nat. 1141) eins †††), das Essener Sacramentar (Düsseldorf, Landesbibl. D 2) zwei, das Sacramentarium Soloderense (s. o.) sogar vier Darstellungen dieser Art. Das Bild des Gekreuzigten in Verbindung mit dem T (e igitur) haben wir in Mss. des IX. Jahrhunderts nur einmal angetroffen, nämlich in dem vorstehend erwähnten Metzer Sacramentar, welches dem von Gellone auch hinsichtlich der figurirten Initialen nahe steht.

Eine eigenthümliche Bilderfolge zeigt das dem IX. Jahrhundert angehörige und aus der Schule von Tours stammende Sacramentarium von Autun *†). Dasselbe enthält zu Beginn der Praefatio drei Darstellungen: Geburt Christi, Taufe und Abendmahl, innerhalb kleiner Medaillons mit Gold und Mennig auf den Pergamentgrund gezeichnet, ausserdem aber noch folgende drei grössere Bilder: 1) die oberen und niederen Kleriker in zwei Abtheilungen, 2) Papst Gregor mit einem Buche in der Hand sitzend, 3) Abt Raganaldus innerhalb eines Tondo eine Schaar Mönche segnend, von 4 Medaillons mit den Kardinaltugenden umgeben. Die Figur des Papstes Gregor tritt uns hier zum ersten Male an der Spitze eines seiner Werke entgegen, und findet sich von da ab häufig in den betreffenden Handschriften, besonders im Liber Sacramentorum *††).

Eine Ausnahmestellung in jeder Beziehung nimmt das bekannte Sacramentar des Drogo der Pariser Nationalbibliothek (Lat. 9428)*†††) ein. Es finden sich darin eine grosse Anzahl Initialen in Verbindung mit im kleinsten Massstabe gezeichneten und auf's sorgfältigste ausgeführten Bildern, welche mit dem Text des Sacramentars oft nur in losem Zusammenhange stehen, im Ganzen aber mit grossem Geschick ausgewählt sind. Darstellungen aus Christi Leben und den Legenden der Heiligen wechseln mit liturgischen Scenen und Parallelereignissen des alten Bundes. „Mit einemmale erscheint die ganze christ-

---

*) Z. B. in der Vivianus-Bibel Karl's des Kahlen (Paris, Bibl. Nat. lat. 1).

**) Z. B. St. Gallen, Stiftsbibl. No. 390.

***) Z. B. am Uota-Evangeliar der Münchener Hofbibl. (Cim. 54), im Evangeliar Kaiser Otto's im Domschatze zu Aachen, im Darmstädter Evangelar (Hofbibl. No. 1845) und am Hildesheimer Evangeliar des Heil. Bernward.

†) Z. B. im Codex Gertrudianus in Cividale und in Folchard's Psalter der Stiftsbibl. zu St. Gallen.

††) Z. B. in einer Bamberger Handschr. der Benedikt-Regel (No. 182).

†††) Abbildung bei Janitschek I. c. S. 35.

*†) L. Delisle: Le Sacram. d'Autun, i. d. Gaz. d. b. arts 1884. I pg. 153 sq. und Janitschek, a. a. O. S. 12.

*††) S. darüber unten S. 35.

*†††) Zahlreiche Abbildungen bei Bastard, sowie in der Abhandlung über die Lettres historiées von Cahier i. d. Nouv. Mél. II. pg. 114 sq.

liche Stoffwelt in den Bereich der karolingischen Malerei gezogen**). Sowohl hinsichtlich der Kunstfertigkeit des Verfertigers, als auch hinsichtlich der Anzahl der Bilder steht dies berühmte Ms. der Metzer Schule allen übrigen Sacramentarhandschriften dieses und der folgenden Jahrhunderte voran. Eine Grundlage zur Entwicklung eines bestimmten Bilderkreises zu geben, war dasselbe zwar nicht geeignet, doch sind hier zum ersten Male die in jüngeren Sacramentarien häufig auftretenden Darstellungen aus der Legende der Heiligen zu constatiren. Von Sacramentarien aus dieser Zeit, welche des bildlichen Schmuckes ganz entbehren, seien u. a. genannt: der von Rodradus i. J. 853 geschriebene, aus Corbie stammende Codex der Pariser Nationalbibliothek (Lat. 12050) und das Sacramentarium Angiense in Wien.

Erst in den folgenden Jahrhunderten findet sich, bei einer Anzahl von Mss. wenigstens, eine gewisse wiederkehrende Reihe von Bildern eingebürgert. Zunächst ist mit seltenen Ausnahmen bei Beginn des Canon die oben erwähnte Darstellung des Gekreuzigten, und zwar in den weitaus meisten Fällen in Verbindung mit dem T**), seltener als selbständiges Bild vor oder hinter dem Anfange des Messcanons angebracht***); dabei ist theils die ältere Anordnung beibehalten, und der Charakter des Kreuzes als T-Initial gewahrt, theils werden, unter Fortlassung der Buchstaben, Maria und Johannes in üblicher Weise zu beiden Seiten des Stammes zur Darstellung gebracht†). Vereinzelt steht in dieser Beziehung unter den uns aus persönlicher Anschauung bekannt gewordenen Mss. ein Berliner Sacramentar des späten X. Jahrhunderts (Kgl. Bibl. 4⁰. No. 2), in welchem bei dieser Darstellung ein Heiliger neben dem Kreuzesstamm einen Kelch emporhaltend erscheint, während die Hand des Schöpfers aus den Wolken eine Hostie hineinfallen lässt. Ein jüngeres Ms. dieser Art auf der Züricher Kantonalbibliothek (Rheinau 14) bringt, ausser einem selbständigen Bilde der Kreuzigung, auf der nächsten Seite eine Darstellung der Dreieinigkeit, und zwar in ähnlicher Weise mit dem Anfangsbuchstaben des Canons in Verbindung gebracht, wie bei dem vorerwähnten Mss. das Kreuzigungsbild. Auch hier dient der Kreuzesstamm mit dem Gekreuzigten als T, wird aber von der sitzenden Gestalt Gott Vaters an beiden Enden emporgehalten, während die Taube des heiligen Geistes darüber schwebend sichtbar wird. Das Ansehen Gott Vaters ist jugendlich

---

*) Janitschek a. a. O. S. 33.

**) Z. B. in folgenden Mss.: Paris, Bibl. Nat. lat. 18005, Ende X. s. (Fonds de l'Oratoire 35), sowie ebenda lat. 10501, X. s. Berlin, Kgl. Bibliothek Fol. 2, X. s; 4⁰. 2, X. s. Freiburg, Univers.-Bibl. 360 s, X. XI. s. St. Gallen, Stiftsbibl. No. 338 u. No. 339, X. s., No. 340, XI. s., No. 342, XI. s., No. 344, XII. s. Zürich, Kantonalbibl. Rheinau 75, XI. s., 14, XII XIII. s. Düsseldorf, Landesbibl. (aus Essen) D2 u. D 3, X. s. München, Kgl. Bibl. Cim 60, Anf. XI. s. Chartres, 1661. Mss. 4 (s. Delisle, Ancien sacramentaires l. c. pg. 283). Rouen, Bibl. Ms. A 287 (s. Delisle, l. c. pg. 307).

***) Z. B. in folgenden Mss.: Paris, Bibl. Nat. lat. 10501 (Suppl. lat. 227), X. s. Bamberg, Stadtbibl. No. 603, XI. s. London, Brit. Mus. Harleian 2908, aus Augsburg stammend.

†) Ueber Kreuzigungs-Darstellungen in der deutschen Kunst um das Jahr 1000 giebt St. Beissel in „Die Bilder der Handschr. Kaiser Otto's zu Aachen", S. 95 f., lehrreiche Zusammenstellungen.

Schnütgen. 4

wie das des Sohnes. Wir haben hier eines der frühesten Beispiele dieser beliebten Darstellungsweise der Dreifaltigkeit, welche ihre ergreifendste Wiedergabe in der Mittelgruppe des Dürer'schen Allerheiligenbildes in Wien gefunden hat. Die Sitte, zu Beginn des Messcanons den Gekreuzigten darzustellen, scheint sich lange erhalten zu haben, wie z. B. das Vorkommen in dem Pracht-Missale unserer Bibliothek (Sal. IX, a), dessen Entstehung Waagen in die ersten Jahre des XV. s. setzt, beweist, und ist von den Mss. auch in die gedruckten Missalia übergegangen.

Ausserdem lassen sich folgende Scenen, als besonders regelmässig in den Sacramentarien des X., XI. und XII. Jahrhunderts wiederkehrend, bezeichnen:

1) Die Geburt Christi, gewöhnlich vor der Weihnachtskollekte und in Verbindung mit der Verkündigung *).

2) Die Frauen am Grabe, theils zu zweien, theils zu dreien, vor der Ostermesse, sowie

3) Das Pfingstwunder bei den Orationes de Pentecosten. Daneben finden sich gewöhnlich noch zwei bis drei Bilder aus folgender Bilderreihe: Verkündigung, Anbetung der Könige, Darstellung im Tempel, Einzug in Jerusalem, Himmelfahrt Christi und Tod Mariä. Auch „Pilatus in sella curuli" kommt vor, z. B. im Kölner Sacramentar der Pariser Nationalbibliothek, Lat. 87 (XI. s.). Daneben finden sich nicht selten Darstellungen von Martyrien der Heiligen, wie wir solche bereits im Sacramentar des Drogo der Pariser Nationalbibliothek (Lat. 9428) hervorgehoben haben **).

Den umfangreichsten, uns aus dieser Zeit bekannt gewordenen Bilderkreis enthält das berühmte Bamberger Sacramentar (No. 911, A. II. 52. X. s.), welches Waagen ausführlich beschrieben hat ***). Den Anfang macht ein Blatt, auf welchem Gelasius und Gregorius, die beiden grossen Liturgiker, jeder in einem besonderen Tondo, schreibend dargestellt sind. Hieran schliessen sich: 1) Messopfer des neuen Bundes, 2) Verkündigung auf dem Felde, 3) Anbetung der Könige, 4) Taufe Christi, 5) Darstellung im Tempel, 6) Einzug in Jerusalem, 7) Abendmahl und Fusswaschung, 8) Kreuzigung, 9) Abnahme vom Kreuz, 10) die Marien am Grabe, 11) Christi Himmelfahrt, 12) Pfingstwunder, 13) Verkündigung Mariä, 14) Engel erscheint dem Zacharias und Geburt Johannis des Täufers, 15) Kreuzigung Petri und Enthauptung Pauli, 16) Marter des Laurentius, 17) Anbetung des Lammes, 18) Tod des h. Martin und Theilung des Mantels, 19) Marter des Andreas†).

---

*) So auch im Codex Egberti.

**) Ausserdem z. B. im Sacramentar Ms. 86 des Capitels von Ivrea, XI. s. (s. Delisle, Anciens Sacramentaires, l. c. pg. 234), ferner in den Mss. latins 819 und 9436 der Nation.-Bibl. zu Paris, XI. s.

***) Kunstw. u. Katl. in Deutschland, II, S. 92 f. S. a. Jaeck, Beschr. d. öt. Bibl. in Bamberg, S. XXVII.

†) Nicht vollendet scheint mir der Bildercyklus in dem aus Bamberg stammenden Sacramentar Hein-

Im Allgemeinen ist der Bildercyklus der Sacramentarien als im engsten Zusammenhange mit den Illustrationen der Evangeliarien stehend zu betrachten*). Erst als sich hier eine gewisse Bilderfolge herausgebildet hatte, scheint das Bedürfniss allgemeiner geworden zu sein, diese Bilder auch in die Sacramentarien an geeignete Stellen zu übertragen. Der Bilderkreis der Sacramentarien erscheint somit nur als eine Unterabtheilung des Bilderkreises der Evangeliarien resp. Bibeln. Als eigenartiger Bestandtheil ist nur die Kreuzigung zu Beginn des Canons in Verbindung mit dem T zu bezeichnen.

Die beiden Bilder zu Beginn des Heidelberger Sacramentars sind an dieser Stelle unseres Wissens ohne Analogie. Am ehesten liessen sich dieselben in die Kategorie der Widmungsbilder einreihen, doch mangelt dabei die Andeutung eines entsprechenden Vorganges. Es sind ceremonielle Andachtsbilder älteren Stiles, welche mit einer gewissen Feierlichkeit den liber Sacramentorum eröffnen, und dem entsprechend prächtig ausgestattet sind.

Der Gegenstand des rechtseitigen Bildes (Taf. 1) kann nicht zweifelhaft sein. Es ist Christus, der salvator residens in throno, im unbärtigen Typus, mit der Linken das Buch des Lebens haltend, die Rechte zum Segnen erhoben. Durandus unterscheidet im Rationale divinorum officiorum (liber I de pictur. et imag. etc.) zwei Arten der Darstellung des Thronenden: 1) cum libro clauso in manibus, quia nemo inventus est dignus aperire illum, nisi leo de tribu Juda, und 2) cum libro aperto, ut in illo quisque legat, quod ipse est lux mundi et via, veritas et vita ac liber vitae. Abgesehen von der nicht ganz richtigen Rasirung und dem geöffneten oder nicht geöffneten Zustande des Buches, sind in obiger Unterscheidung die beiden Grundrichtungen in der Darstellung dieses in der altchristlichen wie in der mittelalterlichen Kunst unendlich oft wiederholten Typus richtig gegeben: einerseits der apokalyptische Richter, anderseits der vermittelnde Erlöser. In ersterer Eigenschaft erblicken wir Christum seltener allein, meist als Mittelpunkt des Weltgerichts**), oder mit dem Lamm im Schoosse, von den Evangelistensymbolen und den 24 Aeltesten umgeben oder in ähnlicher apokalyptischer Auffassung; als salvator mundi dagegen meist allein thronend, doch auch in Begleitung der Engel, Evangelisten, Apostel und anderer heiliger Personen. Nur in den Fällen, in welchen Christus, losgelöst aus dem Zusammenhange, allein thronend erscheint, ist zuweilen neben andern Kennzeichen das Buch in der oben geschilderten Weise ausschlaggebend. In vielen Fällen

rich's II. zu München (Kgl. Bibl. c. B. 7). S. Sighart, Gesch. d. bild. Künste im Königreich Bayern, München 1863, S. 142; ferner Janek a. a. O. pg. XLII, und Kugler, Kleine Schriften I, S. 79.

*) Ueber die Bilderkreise der Evangeliarien des X. s. s. K. Lamprecht, i. d. Bonner Jahrb. LXX, S. 56 f. und St. Beissel, l. c. Abschn. VII.

**) S. Voss, Das jüngste Gericht, Leipzig 1884, S. 3u, und F. X. Kraus, Die Wandgemälde der St. Georgskirche auf der Reichenau, S. 16.

4*

verschmelzen beide Arten des Typus zu einer allgemeinen Vorstellung des Thronenden.
Besonders charakteristisch für diese Darstellungen sind seit Beginn der christlichen Kunst-
übung: die Vorderansicht der Figur, welche gleichzeitig z. B. auf dem Mosaik von
St. Pudenziana und den ältesten Sarkophagen des IV. Jahrhunderts auftritt, sowie der er-
höhte Sitz, bald in der Gestalt eines schmucklosen Steinwürfels, bald in der reicheren
Ausstattung der sella curulis mit Rückenlehne, suppedaneum und dem nie fehlenden pul-
vinar (nicht selten auch vertritt der einfache oder doppelte Regenbogen oder die Weltkugel
den irdischen Sitz). Ferner gehören dazu: die antikisirende Gewandung, die nackten Füsse,
mit Sandalen oder ohne dieselben, der „griechisch" oder „römisch" segnende Gestus*) der
Rechten oder Linken, das geöffnete oder geschlossene Buch, zuweilen mit sieben Siegeln
daran, auch statt dessen eine Rolle. Später kamen noch allerlei andere Varianten auf:
so z. B. erscheinen Schwert und Lilie am Munde, A und Ω neben dem Kopfe ausserhalb oder innerhalb des Nimbus, Auferstehungsfahne oder Kreuzscepter, oft auch eine
Hostie in einer der Hände; häufig auch wird die Hand, statt mit segnend zusammen-
gelegten Fingern, ganz geöffnet dargestellt.

Es würde zu weit führen, an dieser Stelle näher auf die Entwicklung dieses
Typus des Thronenden oder der majestas domini einzugehen; wir begnügen uns damit,
zu constatiren, dass unserer Darstellung das apokalyptische Element völlig fehlt. Das
Buch in der Hand des Erlösers ist nicht das Buch des Gerichtes, sondern das des Lebens
und der Lehre.

Christus erscheint jugendlich bartlos. Diese, ursprünglich wohl den jugendlichen
antiken Göttergestalten entnommene Darstellungsweise Christi geht neben dem segen.
Mosaikentypus bis in's XII. Jahrhundert hinein in der abendländischen Kunst gleich-
werthig nebenher. Beide Auffassungen lassen sich seit den frühesten christlichen Jahrhunderten auf Sarkophagen, Wandgemälden und Goldgläsern nachweisen**). Der bärtige
Typus stützte sich dabei auf die Autorität der segen. Edessa-Bilder in Genua und Rom,
sowie des segen. Veronika-Schweisstuches in St. Peter und gelangte bald in der Kunst
der griechischen Kirche zu entschiedenem Uebergewicht. Nicht selten finden sich beide
Darstellungsweisen unmittelbar nebeneinander, so z. B. auf dem Vatikanischen Sarkophage,
welcher die Gebeine Gregor's V. beherbergt hat***), auf dem auch Potsdam über-
geführten Apsismosaik von S. Michele in Ravenna, auf der Vorderseite des Altars von

---

*) Ueber den Gestus des Segnens und die damit zusammenhangenden Streitfragen s. Schnaase, Gesch.
d. bild. Kunst, 2. Aufl., III, S. 650 f., sowie Otte, Handb. d. christl. Kunst-Archäol. 1883, V. Aufl., I. S. 466;
bei Reklen weitere Literaturnachweise.

**) Cf. Didron, Iconographie chrét., Histoire de Dieu, Paris 1843; Hefele, Beiträge z. kirchengesch.
Archäologie, Tübingen 1864, II, S. 254 C; Glückselig, Christus-Archäologie, 1863; Hasak, Die Entstehung
des Christustypus ... Heidelberg 1889; Waagen, Kew. u. Künstl. in Paris, S. 196; (Der letztgenannte Gelehrte ist der Erfinder der Bezeichnung „Mosaikentypus".] Schnaase, Gesch. d. bild. Kunst, III, S. 185 f.

***) Hasak, a. a. O. S. 59.

St. Guillem du Désert*), im Hildesheimer Evangeliar des H. Bernward**), in einem Evangelistar des Berliner Kupferstichkabinets (No. 3), in einem Würzburger Codex des XII. s. (Univ.-Bibl. Mp. th. q. 50), in einem Karlsruher Lectionar aus St. Peter (Hof- und Landesbibl. No. 7), auf der Bernward-Säule in Hildesheim, auf dem Elfenbeindeckel eines Berliner Evangeliars (Kgl. Bibl. Theol. lat. fol. 1; und an anderen Orten mehr***). Hiervon zu unterscheiden sind die Darstellungen von Scenen aus der Jugendzeit Christi, auf denen derselbe naturgemäss als Knabe oder Jüngling bartlos erscheint.

Die karolingisch-ottonische Kunst wendet beide Typen unterschiedslos nebeneinander an. Jugendlich, ohne Bart ist Christus dargestellt: z. B. in Godescalc's Evangeliar, im Evangeliar von St. Médard, in den Evangeliarien von Le Mans und dem von Franz II. (sämmtlich in Paris auf der Bibl. Nat.), ferner in dem Wormser Sacramentar der Pariser Arsenal-Bibl., in der Londoner Alcuinbibel und in vielen andern Mss. dieser Zeit; bärtig dagegen, im Mosaikentypus, z. B. in der Viviams-Bibel Karl's des Kahlen, im Metzer Sacramentar des Drogo, im Evangeliar des Lothar auch diese drei in der Bibl. Nat. zu Paris, im Münchener Codex aureus (Kgl. Bibl. Cim. 55) u. a. a. O. m. Dabei werden z. B. die Alcuin-Bibel in London und die Viviams-Bibel Karl's des Kahlen beide der Schule von Tours und der gleichen Periode zugeschrieben. Es ist daher falsch, überall wo in der abendländischen Kunst dieser Periode der bärtige Christustypus auftritt, byzantinischen Einfluss zu wittern, ebenso falsch, wie früher die griechische Segensweise als Merkmal nach dieser Richtung hin bezeichnet wurde. Beide Typen der Darstellung Christi haben ihren Ursprung in der altchristlichen Kunst und gingen von da aus in die mittelalterliche Kunst des Abendlandes direkt über.

Interessant ist eine Vergleichung unseres Bildes mit der bekannten Darstellung gleichen Gegenstandes in dem Pariser Evangeliar, welches Karl der Grosse für seine Tochter Hilda in den Jahren 781—783 durch Godescalc anfertigen liess†). Ausser der allgemeinen Aehnlichkeit im äussern Arrangement und der offenbaren Stilverwandtschaft beider Bilder, die auf den ersten Blick in die Augen springen, sind von gemeinsamen charakteristischen Einzelheiten folgende hervorzuheben: Die Lage der Haare zu Seiten des Kopfes, so dass nur die Ohrzipfel sichtbar werden, das gleichmässige Herüberfallen

---

*) Didron l. c., pg. 281.

**) Beissel, a. a. O. S. 36.

***) Didron, l. c., pg. 281, unterscheidet: Christ barbu sur la croix und imberbe dans la gloire. Es würde zu weit führen, an dieser Stelle nach den Gründen zu forschen, welche die versch. Darstellungsweise Christi innerhalb eines Werkes veranlasst haben mögen. Erwähnt sei noch, dass Christus auf den Mosaiken in S. Apollinare Nuovo in Ravenna bei den Darstellungen seiner Wunderthaten jugendlich-bartlos, bei den Leidensscenen aber durchweg mit Bart dargestellt ist.

†) Abbildungen bei Bastard, in Westwood's Pal. sacra pict., in Lacroix's Les Arts au moyen âge etc., in Woltmann's u. Woermann's Gesch. d. Malerei, in Dibdin's Bibliogr. Tour. II, in Voss, Das jüngste Gericht, in Schnaase's Gesch. d. b. K. III u. a. a. O.

der Haare über die Schultern, die einzelnen Haare auf der Stirn zu Beginn des Scheitels*), der entblösste Hals, die allzu langen, spitzen, nach aussen zurückgebogenen Finger, die kleinen Füsse, die grünen Schatten in den Fleischtheilen, sowie die Färbung des Futters am rechten Arm und an den Beinen.

Dagegen unterscheiden sich vor Allem die Haltung der Hände und die Stellung der Beine. Während die Rechte im Godescalc Evangeliar mit der Innenseite der Brust zugekehrt, und nicht deutlich zu unterscheiden ist, ob dieselbe griechisch oder lateinisch segnet, hält die Linke das Buch am unteren Ende aufrecht empor. Das linke Bein erscheint ferner gegen das rechte etwas in die Höhe gehoben, und kommt die linke Kniescheibe dadurch wesentlich höher zu stehen, als die rechte; ausserdem stehen die Beine nicht steif parallel neben einander, sondern der Schooss ist weit geöffnet und der Mantel dadurch über die Kniee herüber in Spannung gebracht. Die hierdurch erzielte straffe Faltengebung ist viel wirkungsvoller, als das gekünstelte Lagern des Mantels auf den Knieen der Christusfigur in unserer Handschrift. Zugleich ist dadurch eine gewisse Bewegung in die untern Partien des Bildes und eine Abwechslung in die Richtung der Falten gekommen**), welche unserer Darstellung abgeht. Die Füsse sind im Godescalc Evangeliar ebenso unproportionirt klein gezeichnet, dagegen erscheint der Kopf breiter und voller. Gegenüber der kleinlichen und zaghaften Detaillirung des Gesichtes auf unserem Bilde, sind dort Augen, Nase und Mund energisch und in richtigen Proportionen entworfen; der Ausdruck ist dabei milder und lebensvoller. Dafür ist die Colorirung auf dem jüngern Bilde besser, die Farben sind reiner und nicht so von starken, dunklen Faltenlinien durchfurcht, wie in der Pariser Handschrift. Das Haar ist dort flachsblond mit eingezeichneten dicken und dünnen Theilungsstrichen in dunkelbraunem Tone, das Pallium von bräunlich-purpurner, das lange Gewand von schmutzig-grüner Farbe***). Am untern Rande des Mantels sind Verzierungen nach Art der fasciolae oder lati clavi

---

*) Ueber die „aus der byzantinischen Kunst stammende Stirnlocke" handelt ausführlich Th. Frimmel in seiner Besprechung der Kraus'schen Publikation des Codex Egberti im Repertorium f. Kunstw. VII, S. 350. Zur Vervollständigung des das gegebenen Materials führen wir noch einige Mss. an, in welchen aus dieser „Stirnlocke" begegnet ist: Evangeliar in Würzburg (Univ.-Bibl. Mp. th. f. 66) VIII. s.; Godescalc Evangeliar in Paris (s. o.) IX. s.; Wormser Sacramentar (Paris, Arsenalbibl. 610 [192 T. 1]) X. s.; Darmstädter Evangeliar (s. o.) X. s.; Rheinauer Sacramentar (Zürich, Kantonalbibl. 75) XI. s.; Evangeliar der Dewauer Fürst Georgs-Bibl. XII. s. Ein späteres Beispiel der Nachahmung dieses alten Motives bieten die Bilder des Johannes-Ev. und des Johannes Bapt. von Barth. Zeitblom in der Sammlung des Stuttgarter Museums (No. 412 und 421). Auch bei sicilianischen Mosaiken, z. B. in der Cap. Palatina zu Palermo, hat sich der Stirn-Haarbüschel bis in's XII. s. hinein erhalten. Auf dem gegenüberstehenden Bilde in unserer Handschrift ist an die Stelle der Stirnlocke, gewissermaassen als Ersatz, ein am Diadem herunterhängendes Goldplättchen getreten.

**) Diese Anordnung findet sich in mehreren Mss. der Karoling. Periode, so z. B. bei der Evangelistenfigur in dem Wiener Evangelar Karl's des Grossen, von der H. Janitschek a. a. O. S. 27 eine Abbildung giebt.

***) Die bunten Abbildungen geben alle die Farben der Gewandung nicht stumpf genug wieder.

der antiken Toga angebracht; auf dem Heidelberger Christusbilde soll wohl der Streifen
in der Mitte des Mantels quer vor dem Leibe etwas Aehnliches vorstellen *).

Abgesehen von der Anordnung des Gewandes, zeichnet sich die jüngere Dar-
stellung vor der älteren durch die Klarheit in der Zeichnung der Falten vortheilhaft aus.
Zwar ist von einem Studium der Wirklichkeit auch hier nichts zu spüren, im Ganzen ist das
Faltenwerk aber richtig verstanden und mit verhältnissmässig wenigen Linien, unter Zu-
hilfenahme weisser Lichter und dunkler Schattenlinien klar und sicher entworfen **).
Das Pariser Bild thut in dieser Hinsicht zu viel, und häuft an einzelnen Stellen die dicken
Schattenstriche — die hellen Lichter fehlen ganz — in unverständlicher Weise. Und doch
gehört diese Darstellung in Bezug auf die Faltengebung noch zu den massvollsten und
besten der ganzen Periode, wie ein Vergleich z. B. mit den Evangelistenbildern des Trierer
Ada-Codex deutlich macht. Eine ähnliche Ueberhäufung der Faltenlinien zeigt auch die
gleichzeitige byzantinische Kunst, doch sind dort die Knicke und Brüche, den starren Seiden-
gewändern entsprechend, noch schärfer und kleinlicher ***). Wahrscheinlich liegt unserer
Darstellung ein gutes älteres Vorbild zu Grunde, eine Annahme, welche durch den Vergleich mit der fast als identisch zu bezeichnenden Wiedergabe des Christusbildes in dem
mehrfach erwähnten Darmstädter Evangeliar, wie wir unten sehen werden, besonders nahe
gelegt wird.

Vorstehende Parallele zwischen dem Pariser und dem ungefähr um anderthalb
Jahrhunderte später entstandenen Heidelberger Bilde zeigt, wie, abgesehen von einigen
Verschiedenheiten in technischer Beziehung, eigentlich kein neuer Zug während dieses
ganzen Zeitraums in die Darstellung hineingekommen ist. Der Typus erscheint wie ein-
gefroren, und man könnte angesichts dieses strengen Schematismus mit Didron auf den
Gedanken kommen, dass für die mittelalterliche Kunst des Abendlandes ein ähnlicher
Canon existirt habe, wie ihn die gleichzeitige griechische Kunst in der von dem genannten
Gelehrten entdeckten ἑρμηνεία τῆς ζωγραφικῆς, dem Malerbuche vom Berge Athos besessen
zu haben scheint; neuere Untersuchungen, besonders die bahnbrechenden Arbeiten A. Sprin-

---

*) Ein bestimmter Canon hinsichtlich der Farben der Gewänder Christi und der Jungfrau Maria hat
sich in jenen Zeiten noch nicht gebildet; es finden sich alle möglichen Farbenzusammenstellungen vertreten,
ebenso wie auch die Haarfarbe vom Weissen und Flachsblonden durch alle Schattirungen bis in's Schwarze
hinein variirt.

**) Eine Ausnahme macht in dieser Beziehung der Theil des Mantels auf der linken Seite der Figur
neben dem Buche; es ist nicht recht sichtbar, wohin sich die Linien des Mantels weiter erstrecken, und fehlt
der richtige Abschluss an dieser Stelle.

***) Die byzantinische Faltengebung bewegt sich in Extremen. Bald verhüllt sie den Körper völlig
unter den langen, steifen und spröden Falten der gestickten und mit schweren Edelstein-Garnituren und Perlen-
Besätzen versierten Gewänder, wie z. B. in den Chormosaiken von S. Vitale, bald schmiegen sich die Gewänder
eng an den Körper und zeigen die kurzen, knittrigen und scharfen Brüche der orientalischen Seidenstoffe; die
eine Art überwiegt in der ältern Zeit, die andere in der Zeit nach dem Bilderstreite, ohne dass jedoch eine
strenge zeitliche Scheidung in dieser Hinsicht vorhanden ist.

ger's*) auf diesem Gebiete, haben jedoch bewiesen, dass es auch den mittelalterlichen Malern nicht an Spielraum zu einer freiern Entfaltung ihrer Kräfte gefehlt hat. Im vorliegenden Falle war es sowohl der Stoff wie der Zweck des Bildes, die zu einer typischen Fixirung verführten. Die starre Ruhe passte gut zu dem Begriff des Ceremonien- oder Andachtbildes, und ein mit allen Einzelheiten vertrautes Auge versuchte leichter, in gläubige Betrachtung versunken, das Bild über dem Gegenstande zu vergessen**). Desshalb blieb auch dieser Art von Bildern der hergebrachte steife Charakter noch in einer Zeit gewahrt, in der man bereits begonnen hatte, den Mangel an innerem Leben durch rein äusserliche Mittel, gewaltsame Gesten und Gliederverrenkungen mancherlei Art zu ersetzen***).

Wir wenden uns nunmehr zur Darstellung des Christus auf fol. 5b des Darmstädter Evangeliars. Ein Blick auf die beigefügte Reproduktion (Taf. 9) lässt die Identität des Bildes mit dem unsrigen erkennen. Es giebt nur zwei Möglichkeiten: entweder ist das eine Bild nach dem andern copirt, oder beiden liegt dasselbe Vorbild zu Grunde.

Fassen wir zunächst die erste Alternative in's Auge, so fragt es sich, welches von beiden Bildern als das Vorbild für das andere zu betrachten sei. Zu Gunsten des Heidelberger Bildes als Original spricht vor allen Dingen das höhere Alter der Handschrift†), sodann aber auch Einiges, was wir als Spielereien des Copisten bezeichnen möchten, nämlich die braunen fasciolae am Gewande des Darmstädter Christusbildes, die elf Sterne am rechten Aermel und die weissen Tupfen auf dem rothen Unterfutter zwischen den Füssen. Wahrscheinlich erinnerte sich der Maler älterer Darstellungen dieser Art, auf denen jener Zierstreifen††), welcher bereits das Senatorengewand im kaiserlichen Rom geschmückt hatte, am Gewande Christi oder anderer heiliger Personen zum Zeichen ihrer hohen Würde angebracht worden†††); und mischte zwei passende, auch auf dem Heidelberger Bilde parallel laufende Lichtstreifen mit braunrother Farbe aus. Wäre eine derartige Verzierung beabsichtigt gewesen, also die Ausfüllung der Streifen auf dem Heidelberger Bilde

---

*) Die Psalter-Illustrationen im frühen Mittelalter, i. d. Abh. d. philos. hist. Kl. der sächs. Ges. d. Wissensch., Bd. III, S. 159 f., sowie: die Genesisbilder in der Kunst des frühen Mittelalters, i. d. Abh. d. philos. hist. Kl. derselben Ges., Bd. IX, pg. 672 f.

**) Rat. divin. offic. I, cap. 3. In dieser Richtung äussern sich auch die bekannten Bestimmungen des zweiten Concils von Nicäa (787), welche in der Hervorhebung des Traditionellen einen Schutz gegen die bilderfeindlichen Bestrebungen zu schaffen suchten; abgedr. bei Mansi, Conc. apl. collect. T. XIII, pg. 252.

***) Charakteristisches Beispiel dieser Art u. a. bei Cahier, Nouv. Mél. II, Taf. VI.

†) Vergl. oben S. 16.

††) Der Ursprung der stola wird mit diesen fasciolis in Verbindung gebracht. Man nimmt an, dass diese Streifen auf die Stola-Gewänder der Geistlichen aufgesetzt worden sind, und dass, als das Gewand selbst nachher in Wegfall kam, nur der Streifen als sogen. stola (orarium) übrig blieb. S. Bock, Gesch. d. lit. Gew. I, S. 436, II, S. 62 f.; Weiss, Kostümkunde, Stuttgart 1864, S. 19, 128 f.; Waagen, Kunstw. u. Kul. in Paris, S. 209; Hefele a. a. O. S. 162.

†††) So z. B. schon auf dem Justinian-Mosaik von S. Vitale, bei dem Gekreuzigten in dem syrischen Evangeliar der Laurentiana (s. Abbild. in Labarte's Hist. d. arts ind. Paris, 1864, II, S. 80), auf dem Christus-Mosaik der Hagia Sophia, bei den vier Evangelisten in einem Würzburger Evangeliar des VIII. s. (Univ.-Bibl. Mp. th. f. 66), in der Vivianus-Bibel Karl's des Kahlen in Paris, im Münchener Codex aureus u. a. O. m.

nur vergessen, so wären sicher nicht weisse, sondern dunkele Striche als Begrenzung vorgezeichnet worden.

Bei der Anbringung der Sterne am Aermelsaum des rechten Armes mag die
Erzählung der Apokalypse[*] von den sieben Sternen in der Rechten des Herrn die Veranlassung gegeben haben; dieselben erscheinen hier aber ganz unmotivirt und sind
nicht nur an falscher Stelle, sondern auch in unrichtiger Anzahl wiedergegeben. Mit der
weissen Farbe, welche einmal im Pinsel war, wurden nun schnell auch noch schöne
Tupfen auf das rothe Futter aufgesetzt[**]. Die weitern Unterschiede fallen nicht so sehr
in's Auge, sind aber nicht unwesentlich. Augen und Mund sind im Darmstädter Bilde
enger an die Nase herangerückt, die Füsse sind plumper gezeichnet, der ganze Unter-
körper ist zu Gunsten des Oberkörpers verkürzt und mehr in die Breite gezogen im Vergleich zum Heidelberger Bilde. Letzteres scheint uns in allen diesen Punkten der Darmstädter Miniatur überlegen, und es könnte hieraus wohl die Priorität des Heidelberger Bildes
gefolgert werden. Wollte man mit Janitschek annehmen, wozu meines Erachtens keine
direkte Veranlassung vorliegt[***], dass beide Bilder von derselben Hand gemalt seien,
so müsste man die umgekehrte zeitliche Entstehung voraussetzen, da es nicht wahrscheinlich, dass derselbe Maler erst ein mangelhaftes Original und darnach eine gute
Copie angefertigt hat.

Die zweite Möglichkeit dagegen, dass beiden Darstellungen ein gemeinsames
Vorbild zu Grunde liegt, gewinnt an Wahrscheinlichkeit, wenn man die bessere Gesammt-
anordnung des Darmstädter Bildes betrachtet. Der innere Rand des umschliessenden
Reifens berührt hier nur die äussersten Theile des Nimbus und der Füsse, statt wie in
unserer Darstellung mitten in die Figur hineinzuschneiden. Die unschöne Unterbrechung
des reich verzierten Rahmens ist dadurch vermieden, und Platz gewonnen worden zur Anbringung der beliebten Evangelistensymbole. Es macht somit den Eindruck, als ob das
Darmstädter Bild die Anordnung eines Originals getreu wiedergäbe, während in unserer
Handschrift, vielleicht wegen des kleineren Formats[†], zu dem Auskunftsmittel gegriffen
worden ist, unter Beibehaltung der Grösse der Figur, den innern Rand mit dem äussern
zu vertauschen. In Folge dessen erscheint auch der Thron schmäler gezeichnet, da sonst
der blaue Untergrund ganz verdeckt worden wäre.

Auch in der Färbung und Maltechnik herrscht die grösste Uebereinstimmung;
Schatten und Lichter sind in gleicher Weise angebracht und die Falten durch energische

[*] Apocal. I. 16.

[**] Diese Tupfen befinden sich z. B. auch auf dem Bilde des Evangelisten Lucas im Trierer Ada-Codex,
mit rothem Unterfutter. Ueber die weiteren Analogieen zwischen den beiden Mss. s. u. S. 52.

[***] Ebenso wenig wie z. B. in Bezug auf die Evangelistenbilder im Ada-Codex und im Evangeliar
von Abbéville; auch hier reicht zur Erklärung der allerdings grossen Aehnlichkeit die Schulverwandtschaft beider
Mss. aus (s. dagegen Revue de l'art chrétien. II. livr. mars 1886).

[†] Die Blattdimensionen des Evangeliars sind 220 × 295 mm, die des Sacramentars 185 × 240 mm.

Linien hervorgehoben. Der Purpurton des Mantels ist im Sacramentar etwas lichter und
dünner; sodann fehlen an der rechten Hand und den Füssen einige bräunliche Schatten-
töne, die im Darmstädter Bilde auffällig hervortreten. Dass im Ganzen die Farben auf
letzterem frischer und leuchtender sind, ist lediglich eine Folge der besseren Conservirung
der Handschrift.

Eine Abbildung des Darmstädter Christus befindet sich in von Hefner-Alteneck's
Trachten etc. auf Taf. 10. Der Text erklärt die Figur als eine „weibliche, nach Art
einer Kaiserin auf dem Throne sitzend". Der Nimbus bezeichne „den hohen Stand oder
eine Heilige, wiewohl der Name nicht genannt ist". Dass diese Deutung ebenso falsch,
wie die daraus gezogenen Schlüsse auf die Frauentracht des X. Jahrhunderts, bedarf
keiner weitern Ausführung. Unbegreiflich bleibt aber, was den hochverdienten Gelehrten
veranlasst haben mag, in dem bartlosen Jünglingsgesicht ein Weib und in der antiken
Tracht die damalige Mode der Frauen zu erblicken. Ein Blick auf die gegenüberstehenden Hexameter, welche Christum verherrlichen, hätte jeden Zweifel benehmen
müssen. Möglich, dass das Fehlen des Kreuzes im Nimbus Veranlassung zu dem Irr-
thum gegeben hat, doch liegt hier sicher ein Vergessen des Malers vor[*]. Die Hefner'sche
Abbildung stimmt, abgesehen von der völlig falschen Wiedergabe der Farben und den
zahlreichen Zeichenfehlern, mit der als Original bezeichneten Darmstädter Miniatur auch
hinsichtlich der Umrahmung nicht überein. Letztere ist vielmehr unserem Ms. entnommen,
wie ein Vergleich mit den Nachbildungen auf Taf. 1 und 9 lehrt.

Die dem Christusbilde gegenüberstehende Darstellung im Heidelberger Sacramentar (Abbildung auf Taf. 2) hat zu verschiedenen Deutungen Anlass gegeben. Waagen
erklärte dieselbe für ein Bild Gregor's des Grossen, von Hefner-Alteneck[**] sowie Anton
Springer, denen sich H. Janitschek anschliesst, haben auf die heilige Helena hingewiesen.
Die Waagen'sche Auffassung ist unseres Erachtens ganz unhaltbar. Haar- und Hals-
schmuck, Ohrringe, Brustspange, die kleinen, spitzen Schuhe[***], der Schnitt und die Verzierung der Kleider, Alles deutet auf eine weibliche Figur hin. Auch sind mit den
übrigen Darstellungen des grossen Papstes aus dieser Zeit nicht die mindesten Analogien

---

[*] Man vergl. über derartige Ungenauigkeiten die betr. Stelle in Didron's Iconogr. chrét., Hist. de
Dieu pag. 50. Dagegen scheint mir das Kreuz im Nimbus nicht vergessen bei der ersten Figur in Folchard's
Psalter zu St. Gallen (Stiftsbibl. No. 23), welche ich, entgegen der Annahme Rahn's (Psalt. anz. S. 22 u.
Gesch. d. bibl. Kunst i. d. Schweiz, S. 133), nicht für Christum, sondern für einen von den Zwölfen halte.
Eine Darstellung Christi als alter Mann mit blauweissem Haare und langem Barte wäre ebenso befremdlich wie
die Zahl von elf Aposteln; ausserdem erscheint derselbe kurz darauf in jugendlichem Typus mit Kreuznimbus.

[**] Die von demselben gegebene Reproduktion unseres Bildes auf Taf. 9 seiner Trachten etc. ist in
Farbe und Zeichnung ebenso wenig richtig, wie die vorstehend erwähnte Reproduktion des Christusbildes. Dies
geht hinsichtlich der Zeichnung schon aus einem Vergleich mit unserem Lichtdruck deutlich hervor.

[***] Derselben Form der Schuhe begegnen wir auch auf dem Mosaikbilde der Maria am Ende der
südlichen Oberwand des Mittelschiffs von St. Apollinare Nuovo in Ravenna.

vorhanden. Derselbe erscheint stets in pontifikaler oder priesterlicher Tracht, meist sitzend und an seinen Werken schreibend, wobei ihm eine auf der Schulter sitzende Taube die göttlichen Wahrheiten in's Ohr flüstert, sowie stets als alter Mann mit und ohne Tonsur[*]).

Die Helena-Hypothese kann sich wohl nur auf das Kreuz, welches die dargestellte Figur in der Rechten hält, stützen. Wir halten auch diese Deutung aus verschiedenen Gründen nicht für die richtige. Zunächst ist der Kreuzesstab durchaus nicht als ein der Kreuzfinderin Helena zukommendes Attribut anzuerkennen, sondern ein allgemeines Kennzeichen der hohen Stellung des Betreffenden in der himmlischen Hierarchie, eine Art himmlischen Scepters. Dasselbe ist wohl zu unterscheiden von dem Kreuze Johannis des Täufers und von dem mit dem antiken labarum zusammenhängenden Triumph- oder Auferstehungskreuz Christi — letzteres meist mit Wimpel oder Fahne —, und findet sich nicht nur sehr häufig in der Hand Christi[**]), sondern auch bei Maria (z. B. im Sacramentar von Gellone, im Cotton. Ms. Vespasian A VIII des Brit. Mus., s. Abb. in d. Palaeogr. Soc. I Taf. 109, sowie auf dem alten Mosaik in Santa Restituta am Dome von Neapel, bei Petrus[***]) (z. B. am westlichen Triumphbogen der Hagia Sophia, s. Abb. bei Salzenberg Taf. 32, auf dem Elfenbeinrelief des Deckels eines Berliner Evangeliars in der Kgl. Bibl. Ms. theol. lat. Fol. 1, und eines Bamberger Gebetbuches, s. Waagen, Kstw. u. Kstl. in Franken S. 90, ferner zu Beginn von Folchard's Psalter in d. St. Gallener Stiftsbibliothek, am Triumphbogen von S. Lorenzo fuori, auf einem griech. Emaildeckel in Siena, s. Abb. bei Labarte a. a. O. Taf. 101, und einem griech. Elfenbeinrelief des X. s., s. Abb. bei Labarte a. a. O. Taf. 9, auch auf der Broncethür des Domes zu Ravello), bei Laurentius (z. B. auf einem Wandgemälde im Cimitero di San Valentino, s. Abb. bei Garrucci II Taf. 84, auf einem Elfenbein-Diptychon, abgeb. in Gori's Thes. vet. dipt. III tav. 8, sowie im Triumphbogenmosaik von S. Lorenzo fuori), bei Lukas (z. B. in d. Gospel's of St. Chad, s. Abb. in d. Palaeogr. Soc. I Taf. 78, bei Andreas (z. B. auf der Broncethür des Domes von Ravello), beim Könige David (z. B. in d. Psalter in Stuttgart a. d. Anf. d. X. s., Kgl. öff. Bibl. fol. 23)[†]) und bei andern Heiligen mehr. Auch die Engel werden sehr häufig mit Kreuzesstab dargestellt (so z. B. im Vatikan. Commentar z. Jesaias, s. Abb. bei Silvestre Taf. 70, im Pariser Gobeschule-Evan-

---

[*]) Beispiele: in den Sacramentarien von Autun (Delisle, Gaz. d. b. arts 1884, pg. 185), von Metz (Paris, Bibl. Nat. lat. 1141), von Köln (?) (ebenda lat. 817), von Freiburg (Univ.-Bibl. 360a), von Bamberg (München, Kgl. Bibl. B 7), in einem Graduale und Antiphonar in St. Gallen (Stiftsbibl. No. 376 und 390), in einem Leipziger Codex (s. Abbild. bei v. Hefner-Alteneck, Taf. 58), zu Beginn des Commentars des h. Gregor zum Ezechiel in einem Bamberger Codex (Stadtbibl. No. 595) u. a. a. O. m.

[**]) Das Kreuz wird schon in den Homilien des Syrers Ephraem († 378) als Scepter des Königs Christus bezeichnet (s. Voss a. a. O, S. 86).

[***]) Hier wohl zu unterscheiden von dem Leidenskreuz Petri, das er schon auf vatikanischen Goldgläsern (Abbild. bei de Rossi und in Kraus' Roma sotterranea S. 307) trägt und das eine andere, mehr der Wirklichkeit entsprechende Form hat.

[†]) Abbild. bei v. Hefner-Alteneck I, Taf. 22.

5*

thronende Gottesmutter auch im Hildesheimer Evangeliar des heiligen Bernward, von zwei Engeln gekrönt.

Möglich wäre noch eine andere Deutung unseres Bildes, nämlich als Personifikation der Kirche, des Glaubens oder eine ähnliche allegorische Auffassung. So sehen wir z. B. in den Mosaiken von St. Sabina auf dem Aventin aus dem Anfang des V. s., die Kirche unter dem Bilde einer Matrone mit einem Buche in der Linken, während die Rechte segnend darüber gehalten ist[*]; auch der altchristliche Typus der Orans könnte geltend gemacht werden, ferner das Vorkommen der Figur der Kirche in dem Sacramentar des Drogo (innerhalb eines O neben dem Gekreuzigten stehend, sowie überhaupt die Vorliebe der Zeit für Allegorieen, wie dieselbe sowohl aus den sogen. Karolingischen Büchern, den tituli des Alcuin und Theodulf, als auch aus den Bilderhandschriften, z. B. der Vivianus-Bibel Karl's des Kahlen hervorgeht, doch liegt unseres Erachtens keine Veranlassung vor, die nächstliegende Deutung aufzugeben. Einzeldarstellungen von Maria begegnen uns ja bereits im V. Jahrhundert[**], und in derselben Zeit ist auch bereits das Bestreben, Maria durch reiche Kleidung, Diadem, Perlenschmuck u. s. w. auszuzeichnen, nachweisbar. Als Hauptbeispiele in dieser Richtung führen wir das Bild der Verkündigung in St. Maria Maggiore[***] und Maria als Orans in der ehemaligen vatikanischen Kapelle St. Maria ad Praesepe[†] an. Mit dem IX. Jahrhundert wurden in der abendländischen Kirche die Darstellungen häufiger, auf denen die thronende Θεοτόκος mit dem Kinde an bevorzugter Stelle, wo man bisher den salvator mundi auf dem Throne sitzend, zu sehen gewohnt war, als Mittelpunkt der Composition erscheint. Wir erinnern für Rom an das Apsis-Mosaik von St. Maria in Navicella (in Domnica), an das Triumphbogenmosaik von St. Cecilia und von St. Francesca Romana, ferner an das Mosaik im Dom zu Capua[††] und andere Darstellungen dieser Art mehr. Als Pendant zu Christo erscheint Maria auch auf dem Elfenbeindeckel eines der beiden sogen. Gebetbücher Heinrich's II. und Kunigunde's in Bamberg, deren Entstehung Waagen[†††] in's VI. Jahrhundert setzen zu sollen meint.

_____

[*] Ueber Darstellungen der Kirche im Mittelalter s. Cahier, Nouv. Mél. IV, pg. 163, woselbst auch weitere Literaturangaben; das. II pg. 106 die Abbildung der eigenthümlichen Darstellung der Kirche aus dem Codex der Herrad von Landsberg.

[**] Die Literatur über den Kult und die Darstellungen der Maria ist eine sehr umfangreiche; ausführlich angegeben findet sich dieselbe in Schreibershofen's, Die Wandlungen der Mariendarst., Heidelberg 1886. Besonders hervorzuheben sind die Arbeiten von A. von Lehner, Die Marienverehrung in den ersten Jahrhunderten, 2. Aufl. Stuttgart 1886, und V. Schultze i. d. Archäologischen Studien über altchristl. Monumente, Wien 1880, S. 177 f.

[***] Abbildung bei Garrucci, Taf. 211.

[†] Nur durch eine Skizze erhalten. Abbildung bei Garrucci, Taf. 279.

[††] S. Abbildungen bei Campini, Vet. Monum. II. Taff. 44, 51, 53 u. 54.

[†††] Kstw. u. Kstl. in Franken S. 90.

Die Beziehung beider Bilder unserer Handschrift zu einander hat der Künstler dadurch anzudeuten gesucht, dass er der Figur der Maria eine leise Wendung nach links gegeben und den Blick der Augen nach derselben Richtung gelenkt hat. Die sich hierbei ergebenden Schwierigkeiten sind zwar Veranlassung, dass die Haltung noch steifer ausgefallen ist, als sich dieselbe wohl bei der vollen Vorderansicht ergeben haben würde, immerhin ist aber die Eintönigkeit in der Erscheinung zweier so durchaus ähnlicher Typen etwas dadurch gemildert worden. Die Wendung kommt eigentlich nur in den Beinen und dem Kopfe zum Ausdruck; der Oberkörper mit seinen symmetrisch nach der Spange zulaufenden Falten beharrt in der Vorderansicht. Ein gewisser Vorzug dieser Anordnung besteht darin, dass das Sitzen in Folge der Seitenwendung besser dargestellt worden ist. Auf dem gegenüberstehenden Bilde hockt Christus, er sitzt nicht; die Sitzplatte ist viel zu hoch im Verhältniss zur Richtung der Oberschenkel gezeichnet. Störend ist auf dem Bilde der Maria die Zeichnung des linken Knies. Dasselbe steht nicht nur an und für sich im Verhältniss zur Hebung des Fusses viel zu hoch, sondern erscheint noch höher in Folge der fehlerhaften Zeichnung des darüber befindlichen Manteltheils. Es bedarf erst eines schärfern Hinsehens, um zu erkennen, dass die Falten des letzteren nicht von der Knierundung herrühren, sondern von der linken Hand, welche unter dem Mantel das Buch gefasst hält*). Auch mit dieser Neuerung scheint der Künstler aber in Conflict gekommen und genöthigt worden zu sein, das Schema des Kniefaltenwurfs hierauf zu übertragen. Dass die Rosetten-Verzierung erst nachträglich aufgemalt ist, geht daraus hervor, dass sich dieselben nicht überall den Falten anschliessen, sondern zuweilen über die Vertiefung hinwegreichen.

Der Unterschied zwischen dem Stoff des Mantels und dem des Kleides ist in den Falten gut zum Ausdruck gebracht. Neben den steifen und schweren Falten des kostbaren Brokates erblicken wir die weichen und verschwommenen Linien des einfachen Wollstoffes. Im Uebrigen löst sich aber bei dem Faltenwerk derselbe Mangel an selbständiger Beobachtung, wie bei dem gegenüberstehenden Bilde constatiren. Gleich einer straff bespannten Kugel tritt die Kniescheibe über den nach unten in spitzwinkligem Schema verlaufenden Falten hervor. Wir können dies als eine charakteristische Eigenart der karolingischen und ottonischen Kunst, zu welcher gewöhnlich noch eine ähnliche Betonung der Bauchrundung hinzutritt, bezeichnen. Eigenthümlich ist die oben bereits erwähnte Betonung der Taille, wovon uns kein zweites Beispiel in dieser Art bekannt ist. Im Gesicht stört die schiefe Stellung des Mundes; auch ist die Nase im Verhältniss zur Drehung des

---

*) In derselben Weise hält Maria in der oben erwähnten Initial-Miniatur des Darmstädter Codex ein goldenes Salbergefäss; auch hier die ungeschickte Anordnung der Falten. Ein weiteres Beispiel dieser Art auf dem karolingischen Reliquiarum des Altheus i. d. Kathedr. von Sion (Abbild. auf Taf. 23 von Stavignac's vorstehend erwähntem Atlas).

Kopfes zu sehr in der Vorderansicht gegeben. Die Augen sind gut gezeichnet und nicht ohne Ausdruck.

Der reiche Schmuck, mit welchem die Jungfrau auf unserem Bilde erscheint, könnte Veranlassung geben, den bekannten „byzantinischen Einfluss", ohne welchen bis vor nicht langer Zeit kein abendländisches, mittelalterliches Kunstwerk gedacht werden konnte, auch hier zu wittern. Unseres Erachtens liegt hierzu keine Veranlassung vor. In reich verzierter Gewandung und mit Perlenschmuck erscheinen ja bereits in der altchristlichen Kunst die Orans, die Mutter Gottes und verschiedene Heiligengestalten; ausserdem hat das Kostüm der Maria nicht mehr Byzantinisches, als die Tracht des Hofes und der Vornehmen damals, besonders seit Otto II., allgemein aufwies. Auch das mit Perlen und Steinen besetzte Diadem, welches Diokletian zuerst annahm, und mit welchem geschmückt z. B. Justinian und Theodora auf dem bekannten Mosaik von S. Vitale in Ravenna erscheinen, war bereits durch den gen. Herrscher, den Gatten der Griechin Theophanu adoptirt worden[*]. Möglich, dass die auffallenden Ohrgehänge unserer Maria als κατασειστά aufzufassen sind, d. h. als seitlich vom Diadem herabhängende Verzierungen, wie wir auf dem vorstehend erwähnten Mosaik erblicken, dass der Maler also aus Unkenntniss Ohrringe daraus gemacht hat; doch ist ebenso gut anzunehmen, dass derselbe letzteren, bereits in der altchristlichen Zeit häufig vorkommenden Schmucktheil nur in dem Streben nach besonders reicher Ausstattung der Himmelskönigin so unproportionirt dargestellt hat. Dem Ohrschmuck zu Liebe ist wahrscheinlich das hergebrachte Kopftuch weggelassen, welches z. B. auf dem Marienbilde im Uota-Codex in München (Kgl. Bibl. Cim. 54) unter der ganz ähnlich gezeichneten Krone hervorwallend dargestellt ist[**]. Bezüglich des Halsschmuckes ist es unklar, ob die untere Reihe als Mantelagraffe, oder als zu dem obern Halsband gehörig aufzufassen ist. Auch das Kreuz ist mit sechs grossen Edelsteinen geziert. Aehnlichen Darstellungen der gekrönten Mutter Gottes begegnen wir auf foll. 83[b] und 84[a] des aus dem Anfange des X. Jahrhunderts stammenden Psalteriums in Stuttgart (Königl. öffentl. Bibl. Bibl. fol. 23). Auch hier trägt Maria auf dem mit Binden umwundenen Haupte ein Diadem mit drei emporstehenden Zacken[***].

Zu dem Kleide der Jungfrau auf unserem Bilde ist dieselbe dünne Purpurfarbe benützt wie zum Mantel Christi; der Mantel hat eine grau-blaue Färbung, welche unter den zahlreichen mit Weiss aufgesetzten Lichtern und den goldumränderten Rosetten mit dunkelblauem Grunde nur schwach hervortritt. In den Schatten- und Umrisslinien des Mantels wechseln braune und graue Töne; am Kleide fehlen dieselben gänzlich und es sind

---

[*] Mit dem Perlendiadem erscheint Otto II. z. B. auf einem Elfenbeindyptichon des Musée Cluny; der Königs-Mantel zeigt ähnliche Rosetten wie auf unserem Bilde.

[**] Abbild. bei Cahier, Nouv. Mél. I, pg. 23.

[***] In den aufrecht stehenden Zacken etwa eine Anspielung auf die Sternenkrone des apokalyptischen Sonnenweibes, welches meist fälschlich als Maria aufgefasst worden ist, zu sehen, liegt keine Veranlassung vor.

hier neben weissen Lichtern die Schatten ausschliesslich im Lokalton gehalten. Das Haar zeigt einen tiefen röthlichen Ton, sofern man nicht vorzieht, anzunehmen, dass diese Farbe nicht dem Haar angehört, sondern einer Art Binde oder Haube, welche das Haar völlig verhüllt. Der Mangel einer Andeutung von Flechten oder einer andern Haartour führt unwillkürlich zu dieser Annahme. Der Sitz, welchen ein goldenes Rollkissen bedeckt, ist an seiner vordern Seite leicht hellgrün, an den übrigen sichtbaren Seiten aber hellrosa, ebenso wie das suppedium gefärbt. Die Farben liegen bei beiden Bildern wie ein Hauch auf dem Pergamente, dessen natürliche Farbe nur an der Rücklehne des Thrones Christi sichtbar wird. Vielleicht sollte hier ursprünglich noch der Vorhang, der auf dem Darmstädter Bilde wiedergegeben ist, angebracht werden.

Trotz des nur leicht deckenden Farbenauftrages, welcher für das X. Jahrhundert auffällig erscheint, ruft die häufige Verwendung des Deckweiss an manchen Stellen, besonders am Mantel der Maria, einen gouacheartigen Eindruck hervor. Die Herstellung des Fleischtones ist bei beiden Bildern dieselbe. Die betreffenden Partieen wurden mit einem mässig dunkeln Grün untermalt, darauf die hellern Partieen mit einem leicht gefärbten, deckenden Fleischton aufgetragen, die Contouren der Nase, des Mundes und der Augen theils in Schwarz, theils in Roth eingezeichnet, und schliesslich einige rothe Tupfen auf Kinn, Ohren, Fingerrücken u. s. w. aufgebracht. Beim Bilde der Maria sind letztere sparsamer angewendet als beim Bilde Christi und fehlen z. B. an den Händen völlig.

Die vorbeschriebene Herstellungsweise des Fleischtones ist im Allgemeinen die übliche in karolingischer Zeit, während z. B. in dem vorkarolingischen Sacramentar von Gellone in Paris noch die Pergamentfarbe den Fleischton angiebt. Im Ottonischen Zeitalter herrschte kein übereinstimmendes Princip in dieser Beziehung und mit dem Ende des X. s. beginnt bereits die Spielerei mit blauen, violetten und rothen Gesichtern.

Wangen hielt die grüne Untermalung für ein charakteristisches Kennzeichen byzantinischen Einflusses auf die karolingische Maltechnik[*], schwächte aber selbst an anderer Stelle[**] dies Kriterium dahin ab, dass er „grüne oder dunkelbraune Schatten des Fleisches" mit dem byzantinischen Einfluss in Verbindung brachte. Daneben constatirt derselbe in der berühmten Pariser Handschrift des Gregor von Nazianz (Bibl. Nat. Gr. 510), einem zwischen 867 und 886 gefertigten, ächt byzantinischen Ms., eine Hand, welche die grüne Untermalung anwendet, während eine zweite Hand darauf verzichtet hat; also hier nicht einmal Consequenz. Und in der That lehrt eine Betrachtung der alten byzantinischen Bilderhandschriften, dass die grüne Untermalung durchaus nicht zu den charakteristischen Eigenthümlichkeiten der damaligen Maltechnik gehört. Wir finden dieselbe weder in den beiden Virgil-Handschriften und in der Josua-Rolle des Vatikans, noch in den Wiener Handschriften der Genesis und des Dioscorides oder der Ilias der Ambrosiana. In der be-

*) Katw. u. Ktl. in Paris, S. 202 u. 233.
**) a. a. O. S. 265.

rühmten Cosmas-Handschrift des Vatikans (Vat. gr. 699) sind auch nur bei einem Theil der Figuren die Fleischtheile hellgrün untermalt, bei andern lässt sich dagegen unter der abgeblätterten Deckfarbe eine derartige Untermalung durchaus nicht constatiren. Die erhaltenen Zeugnisse bestätigen somit Waagen's Urtheil in keiner Weise[*]. Es wäre thöricht, weil in neuerer Zeit der Kampf für die Selbstständigkeit in der Entwicklung der deutschen Kunst auf allen Linien mit Erfolg eröffnet worden ist, überhaupt jeden Einfluss der byzantinischen Kunst auf das Abendland in Abrede stellen zu wollen. Besonders auf dem Gebiete der Kleinkünste wird die technische Führerschaft des Orients nie wegzuleugnen sein. Das Kriterium der grünen Schatten gehört jedoch unseres Erachtens zu den Vorurtheilen, welche ausgerottet werden müssen, selbst wenn das Urtheil eines Mannes wie Waagen als Schild dient[**].

Ebensowenig wie in der Zeichnung sind somit in der Farbengebung byzantinische Einflüsse zu erkennen; da nun ferner in ikonographischer Hinsicht ein directer Zusammenhang mit altchristlichen Vorbildern nachgewiesen ist, so erscheinen unsere beiden Miniaturen, als zu den nur in geringer Zahl aus der ausgehenden Ottonischen Periode erhaltenen Beispielen eigenartiger deutscher Kunstleistung gehörig, von besonderer Bedeutung. In ihrer Einfachheit und Formenstrenge nehmen sie sich so fremd aus unter den gleichzeitigen Werken der Miniaturkunst, dass, wenn nur nach diesen beiden Bildern zu urtheilen wäre, man sich Waagen anschliessen könnte, welcher, wie oben bemerkt, die erste Hälfte des IX. Jahrhunderts als Entstehungszeit unserer Handschrift annimmt.

Es erübrigt noch, den Hintergrund und die Umgebung der beiden Figuren in's Auge zu fassen. Dieselben sind völlig übereinstimmend behandelt; die Körper heben sich von einem blauen Grund ab und sind von einem mosaikartig verzierten Rundstreifen umgeben. Wir haben es also mit einer Auffassung zu thun, welche principiell verschieden

---

[*] Dass im spätern Mittelalter bis weit in's Quattrocento hinein die grüne Untermalung allgemein angewendet wurde, bezeugen nicht nur die erhaltenen Lehrbücher, sondern auch besonders die Tafelgemälde selbst. Wer z. B. den ersten Saal der Galleria in Siena mit den Werken des Duccio, der Lorenzetti's und anderer älterer Sieneser durchwandert, wird kein Bild ohne diese grüne Untermalung des Fleisches vorfinden. Ueber das Godescalc-Evangeliar, welches Waagen in der Färbung und den grünen Schatten für byzantinisch beeinflusst hält, äussert sich ein namhafter französischer Gelehrter, Labarte (s. a. O. III. pg. 90) folgendermassen: „c'est surtout le coloris de Godescalc, qui le signale comme n'ayant fait aucune étude de l'art byzantin; ses contours fermes et sans empâtement n'ont rien de la gouache épaisse, fondue et éclatante des miniaturistes grecs." Die Beurtheilung Schnaase's gelangt zu demselben Resultate (s. Gesch. d. b. K. III, S. 634). Was derselbe an anderer Stelle (S. 641) von grünlichen Fleischtönen als byzantinischer Eigenthümlichkeit erwähnt, bezieht sich darauf, dass bereits in der ältern byzantinischen Kunst zuweilen ein grüner Ton des Fleisches den geistlichen und vornehmen Personen, im Gegensatz zum rothlosen Fleischton der gewöhnlichen Sterblichen verliehen wurde. Hierauf basirt die Spielerei mit den Gesichtsfarben, die im XI. und XII. Jahrhundert sehr häufig auftritt.

[**] Aehnlich verhält es sich mit den Goldbildungen, die zuerst im Virgil des Vatikans (3225, V. s.) vorkommen, bereits in der frühen karolingischen Kunst, besonders aber zur Zeit Karl's des Kahlen eine grosse Rolle spielen, in der abendländischen Kunst dann allmählich verschwinden, und schliesslich in der byzantinischen Kunst nach dem Bilderstreite wieder consequent auftreten.

ist von der Anordnung des Hintergrundes z. B. auf dem oben in Parallele gestellten Christusbilde des Godescalc-Evangeliars. Hier erscheint Christus vor einer Art Mauer mit bunt getheilten Steinen, oberhalb welcher ein Stück Luft mit Andeutung von Bäumen sichtbar wird; auf unseren Darstellungen ist jeder Bezug zur Wirklichkeit aufgehoben. — Der blaue Grund spielte zuerst in der ältesten Periode der byzantinischen Kunst, ehe der Goldgrund denselben verdrängte, die Hauptrolle[*]. Wahrscheinlich ist, dass derselbe von dort aus in die karolingische Kunst Eingang fand, bis auch hier der Goldgrund zu überwuchern begann und schliesslich auf allen Gebieten der Malerei zur alleinigen, Jahrhunderte lang währenden Herrschaft gelangte. Eine besondere Absicht in der Wahl der blauen Farbe, etwa um die Luft dadurch anzudeuten, lag dabei wohl nur selten vor, und es ist auch den Untersuchungen Beissel's nicht gelungen, ein Princip in der Färbung der Hintergründe bei den fünf wichtigsten Handschriften vom Ausgang unserer Epoche nachzuweisen[**]. Dass die blaue Lazurfarbe im ganzen Mittelalter als etwas sehr kostbares galt, ist vielfach überliefert. Ein bemerkenswerthes Zeugniss dafür aus der Gegend des Ursprungsortes unserer Handschrift giebt die Notiz in den Casus Monasterii Petrishusensis, worin mit einer gewissen Umständlichkeit als Zeichen besonders kostbarer Ausstattung des Petershausener Münsters erwähnt wird, dass die Mauern verschwenderisch mit „gratous color, qui vocatur lazur" bemalt worden seien, und dass diese kostbare Farbe Bischof Gebhard von dem episcopus Venetorum wohl der Patriarch Vitalis von Grado [ca. 967 bis ca. 1012] zum Geschenk erhalten habe[***]. Ein jüngeres Beispiel von der Werthschätzung des Lazur bietet das explicit eines Münchener Codex Kgl. Bibl. Cim. 7 mit Bildern des Conrad von Scheyern a. d. Anf. des XIII. s., worin es heisst: ... pictoris et lazurio serplissime decoravit[†]. Der kostbare blaue Grund auf unseren Bildern soll somit in derselben Richtung wirken, wie die Umrahmung mit ihrem reichen Silber- und Goldschmuck. Ob wir es an dieser Stelle mit dem ächten gratous oder zu thun haben, wagen wir nicht zu entscheiden; auffällig ist immerhin, dass die Farbe nur hier vorkommt, und bei den Initialen ein weit leuchtenderer Ultramarin-Ton zur Verwendung gelangt ist. Diese Farbe ist nehrlich abgeblättert und im Ganzen schlecht erhalten, während das ruhige sanfte Blau der beiden Bilder sich, abgesehen von einiger Beschmutzung, vorzüglich gehalten hat.

Das Mosaikmuster des Rahmens[††], dessen Gold- und Silber-Auftrag in ange-

---

[*] Haseloff(?): die Mosaiken der Grabkirche der Galla Placidia in Ravenna.

[**] A. a. O. S. 14 f.

[***] M. G. SS. XX. 632.

[†] Die ganze Stelle abgedr. in Sighart(?): Gesch. d. bild. Kunst im Königreich Bayern. München 1863. S. 276, Anm. 1.

[††] Der Ursprung dieses Musters zeigt deutlich an dem im Jahre 1893 angelegten Theil der Nordseite des Kreuzganges von Monreale bei Palermo, weshalb sich die älteren Halbkreise schwarz an grauen Kalkstein angelegt wurden.

brochenem Glanze strahlt, finden wir genau ebenso gezeichnet bereits in ältern karolingi-
schen Handschriften, z. B. bei den Canonesbogen der Evangeliare von S. Sernin und von
S. Médard in Paris (Bibl. Nat. lat. 1993 nouv. acqu. u. lat 8850[*]), des Evangeliars von
Abbéville[**]), eines Würzburger Codex (Univ. Bibl. Mp. th. fol. 66) u. a. m.[***]). Die
ungemeine Sorgfalt und Sauberkeit, mit welcher diese mühsame Verzierungsweise in unserer
Handschrift zur Ausführung gelangt ist, verdient volle Bewunderung.

Ausser diesen beiden figürlichen Darstellungen kommt für uns noch eine grosse
Anzahl Initialen, theils in den Text eingestreut, theils auf besondern Blättern in
Betracht. Dieselben verleihen unserem Ms. den Charakter einer Prachthandschrift und
ihr Farbenglanz erfreut das Auge noch jetzt jedesmal beim Betrachten von Neuem.

Gleich auf der Rückseite des Christusbildes beginnt die kalligraphische Ausstattung mit den ersten Worten des Sacramentars: In Nomine dni incipit liber sacramentorum etc. Wir haben den Wortlaut des Anfanges oben bereits wiedergegeben und
bemerkt, wie fast alle Sacramentarien des IX. und X. Jahrhunderts diese Eingangsworte
und den Anfang des Canon Missae durch irgend welche farbige Verzierung hervorgehoben zeigen. Im vorliegenden Falle sind die Worte in Gold- und Silberschrift, und
zwar die erste Zeile: In Nomine dni mit Capitalen in Gold, das Uebrige mit Uncialen in
Silber geschrieben; der Grund ist purpurn gefärbt und durch eine Umrahmung begrenzt,
welche einen in Gold, Silber und Blau gehaltenen Mäanderzug enthält. Der letztere ist
perspektivisch gezeichnet und in dieser Art sowohl von pompeianischen Malereien, wie
auch von karolingisch-ottonischen Kunstdenkmälern her bekannt[†]). Bei den Wandgemälden der St. Georgskirche auf der Reichenau z. B. spielt derselbe in drei verschiedenen
Combinationen, als Fries über, zwischen und unter den Wandbildern eine grosse Rolle[††]).

[*]) Abbildungen bei Bastard, Lief. I, IX u. XVI.

[**]) Abbildung i. d. Revue de l'art chrétien, 1856, liv. I, pl. II.

[***]) Auch mehrfach noch im X. und XI. s., so z. B. in der Aachener Handschrift Kaiser Otto's und
in einem aus Gernsbach stammenden Evangeliar in Stuttgart (Kgl. öff. Bibl. fol. 28). — Die Unterfläche der
Arkadenbogen in S. Angelo in formis bei Capua zeigt gleichfalls dies Motiv.

[†]) Wir nennen beispielsweise von Handschriften dieser Zeit, welche den perspekt. Mäander aufweisen:
in Paris (Bibl. Nat.), Evangelar von St. Médard, Godescalc-Evangeliar; Berlin (Kupferstichkab.), Hildesheimer
(?) Evangeliar; (Kgl. Bibl.) Evangeliar, Bibl. 4°, 3; Darmstadt (Hofbibl.), Evangelias 1941; Zürich (Kanton-
Bibl.), Sacramentar Rheinau 75; St. Gallen (Stiftsbibl.), Sacramentar 341, Graduale 376, Antiphonar 390
und 391, Sacramentar 335; Köln (Kapitelbibl.), Evangelar v. Limburg a. d. H. No. 217; Gotha (Museum)
Epternacher Evangeliar; Würzburg (Univ.-Bibl.), Evang. Mp. th. fol. 66; München (Kgl. Bibl.) Cuta-Evan-
geliar Cim. 54, Codex aureus Cim. 55, Sacramentar Heinrich's II. Cim. 60.

[††]) Der perspektivische Mäander findet sich noch z. B. auf dem Apsisgemälde von S. Angelo in Formis;
ferner erwähnt Rahn (die mittelalterlichen Wandgemälde der ital. Schweiz, Mitth. d. antiqu. Ges. in Zürich,
Bd. XXI, Heft 1) das Vorkommen des perspekt. Mäanders auf einem Wandgemälde (XII XIII s.) in S. Carlo bei
Pragasco. Das Motiv ahmt Relief-Skulptur nach und ist in dieser perspektivischen Form in die Skulptur aus

6*

Die gegenüberstehende Seite ist genau in derselben Weise behandelt: Silber- und Goldschrift auf Purpurgrund mit Mäander-Umrahmung. Die folgenden beiden Seiten fol. 42ᵇ und 43ᵃ zeigen gleichfalls Purpurgrund mit bunter Umrahmung, doch ist der erstere auf fol. 42ᵇ mittelst eines in hellerem Purpurtone gehaltenen Musters von flechtenartig sich durchkreuzenden Doppelstreifen mit Sternmuster dazwischen belebt, während in der Umrahmung der Mäander fehlt, und nur ein blauer, von Gold beiderseitig begrenzter Streifen gemalt ist. Die Lesbarkeit der Silberschrift wird durch den gemusterten Purpurgrund wesentlich beeinträchtigt.

Das Vorkommen derselben eigenthümlichen Verzierungsweise im Codex Egberti ist oben bereits hervorgehoben, doch können wir Lamprecht nicht beistimmen, der darin eine Gewebeimitation erblickt[*]. Die regelmässig wiederkehrenden geometrischen Figuren machen eher den Eindruck einer Nachahmung von Fliesenmustern[**], ähnlich wie die bunten Vorsatzblätter des Epternacher Evangeliars in Gotha. Der Codex Egberti zeigt viererlei Musterung, ausserdem ist auf dem ersten Bilde das Muster theils mit Goldlinien umrändert, theils ganz in Gold ausgemalt; einen Versuch in dieser Richtung werden wir auch in unserer Handschrift auf fol. 43ᵃ kennen lernen. St. Beissel[***] erwähnt gemusterten Purpurgrund noch bei einigen anderen Handschriften dieser Periode: bei d. Hildesheimer Evangeliar des H. Bernward und zwei Werken Guntbald's in Hildesheim, doch geht aus der Beschreibung nicht hervor, wie weit hier eine Verwandtschaft mit den beiden Reichenauer Handschriften vorliegt. Möglicherweise ist die Musterung nur aus dem Grunde angewandt worden, weil der gleichmässige Auftrag des Purpurs, wenn man nicht ganz tiefe Färbung wie im Sacramentar der Freiburger Universitäts-Bibliothek anwenden wollte, technisch sehr schwierig auszuführen war (s. fol. 45ᵃ und 196).

Fol. 43ᵃ zeigt eine ähnliche Umrahmung mit Mäander, wie die beiden ersten Seiten, und eine ähnliche Musterung des Purpurgrundes, wie das letztbeschriebene Blatt. Statt des Textes enthält das Blatt Abbild. Taf. 3 die bekannte Ligatur von V und D, welche gewöhnlich zu Beginn der Praefatio steht, als prächtiges Initial von einer Seite des Blattes bis auf die andere hinüberreichend. In geschickter Weise ist die äusserste

der Malerei weiter vorangegangen, wie ein ähnliches Frontispiz im Museum von Toulouse (Abbild. in Cahier, Nouv. Mél. III. pg. 111) Sonst ist ein zweites Beispiel auf der 1. Tafel des Atlas zu Lamprecht's Hist. de l'Archit. ....

[*] Kunst Jahrbuch IXX. S. 63 u. 75.

[**] Die Färbung derselben Purpurschicht aus einer Zeit beweist die Muster ... Wandmalereien ...

[***] Verein. Jahrbuch Wörterbuch des Mittel-Alters XXXVII. S. 251.

Randlinie an der Stelle, wo sie mit den Linienzügen des Initials zusammentrifft, in die Verflechtungen des Buchstabens hineingezogen, und so eine Art organischen Zusammenhanges zwischen Rahmen und Buchstaben geschaffen. Ebenso klammern sich die Anfangsstriche der Ligatur fest an den äussern Randstrich an. Ueber den Stil und die Farbengebung der Initialen werden wir unten im Zusammenhange handeln. Auf dieser Seite ist, wie oben erwähnt, ein Versuch gemacht worden, durch Umänderung der Mittelfigur in Weiss, durch Aufbringen von Silber, sowie durch Hinzufügung weisser Eckverzierungen und Tüpfelchen das Muster des Purpurs zu beleben und ähnlich wie im Egbert-Codex reicher zu gestalten. Der Maler scheint jedoch das Unnütze dieser Spielerei bald eingesehen zu haben, denn nicht einmal der ganze untere Theil des Grundes ist auf diese Weise überarbeitet.

Die Worte der Praefatio setzen sich auf den folgenden beiden Seiten in Silberschrift auf einfachem Purpurgrund fort, wobei die Satzanfänge durch goldene Buchstaben hervorgehoben sind. Die Umrahmung ist übereinstimmend behandelt und zeigt in der Mitte der vier Seiten je ein von den Linien zweier sich kreuzender Mäanderzüge begrenztes blaues Feld, während die dazwischen liegenden Schenkel des Winkels mit demselben Mosaikmuster gefüllt sind, welches die beiden oben beschriebenen Figuren umrahmt. Die Farbenstimmung dieser nur aus Gold, Silber und Blau bestehenden Umrahmung ist eine besonders vornehme.

Eine abweichende Ausschmückung hat die folgende Seite fol. 44ᵇ, auf welcher der Canon der Messe beginnt, erhalten (Abbild. Taf. 4). Wir haben oben constatirt, dass an dieser Stelle in der Regel eine Darstellung des Gekreuzigten in Verbindung mit dem Te igitur, oder auch selbständig angebracht ist. In unserer Handschrift fehlt dieselbe, und wir erblicken nur ein grosses T, dessen horizontale Arme fast bis an die seitlichen Umfassungsränder reichen. Letztere enden nach oben in zwei Halbkreise, die in der Mitte des Blattes zusammenstossen und auf dem Stamm des T aufruhen. Die äussern Zwickel werden durch Rankenwerk gefüllt, welches auch aus dem Stammende beiderseitig aufstrebend herauswächst. Ein ganz ähnlich gezeichnetes, aber weit kleineres T befindet sich gegen Ende der oben erwähnten, aus Reichenau stammenden Karlsruher Handschrift (Reichenau XXXVII).

Der Grund ist in der Breite der Linientheilung abwechselnd grün und blau gestreift*). Ob die Bogen-Anordnung auf unserem Blatte beim Beginn des liturgischen Canons einen inneren Zusammenhang hat mit den althergebrachten Bogenstellungen bei den Canones des Eusebius in den Evangeliarien, lassen wir dahingestellt**). Leider wird

---

*) Ueber diese häufig wiederkehrende Farbenzusammenstellung s. u. S. 51. St. Beissel geht zu weit, wenn er in ähnlichen Streifungen auf dem Kreuzungsgebilde des Epternacher Evangeliars einen Versuch erblickt, „die verschiedenen Luftzüne nachzuahmen" (a. a. O. S. 49).

**) Janitschek leitet die Canones-Arkaden aus den spanischen Klöstern her (Gesch. d. d. Mal. S. 30).

der Eindruck dieses durch Farbenabstufung besonders ausgezeichneten Blattes in Folge des Durchschlages des Silbers von der Rückseite her wesentlich beeinträchtigt. Unsere Reproduktion, bei welcher dieser Durchschlag beseitigt ist, giebt somit ein richtigeres Bild von ursprünglichen Aussehen des Blattes, als das Original in seinem jetzigen Zustande.

Die gegenüberstehende Seite ist einfacher behandelt. Die Umrahmung des schwarz und stellenweise schlecht erhaltenen Purpurs besteht nur aus einem Lederstreif von einem silbernen begleiteten Goldstreifen. Die Einfassung der Metallfarben durch Mennigstriche, welche in der ganzen Handschrift consequent durchgeführt ist, scheidet auch hier das Gold vom Silber. Der Purpurgrund ist nur zur Hälfte beschrieben, und zwar ausnahmsweise mit weisser Unzialschrift, welche sich innerhalb des ganzen Buches nur hier findet und überhaupt in mittelalterlichen Handschriften äusserst selten vorkommt[*]. Die Buchstaben sind auf dem rothen Grunde gut zu lesen und in der Farbe vorzüglich erhalten.

Auf diese Blatt folgt die gewöhnliche Schrift des Textes, in der oben beschriebenen Weise von bunten Initialen häufig unterbrochen s. Taf. 3. Gegenüberstehende Zierbuchstaben finden sich darunter nur noch zweimal, zunächst auf fol. 54b und 55a.

Fol. 54b. Auf klein gemustertem Purpurgrunde stehen im untersten Theile des Feldes in silberner Capitalschrift die Worte: In die ad missam. Die Umrahmung besteht aus einem breiten blauen Streifen mit goldenen Randstrichen. Letztere gehen an den vier Ecken in allerlei Verknotungen und Verschlingungen über, deren Zwischenräume mit kräftigem Roth ausgefüllt sind. Ehe sich die Goldstreifen an den Ecken zu diesem Gierknoten auseinanderziehen, sind an den betreffenden Stellen silberne Bänder oder Schnüre umgelegt, gleichsam um die Goldstreifen vorher noch einmal fest an das blaue Mittelband anzudrücken. Aehnliche Reminiscenzen aus der Handwerkstechnik werden uns bei der Betrachtung der Initialen entgegen treten. — Fol. 55a (Abbild. Taf. 3). Ein grosses Initial C nimmt fast den ganzen Raum ein und lässt unten für die folgenden Buchstaben sowohl nur wenig Platz frei. Ihr Purpurgrund ist ungemustert und in derselben Art, wie auf vorigem Blatt, unmündert. Die Ranken des Buchstabens schlingen sich in der oben erwähnten Weise um den innern Goldstrich der Umrahnung so herum, dass der Buchstabe förmlich daran hängend erscheint. Das Blatt wirkt im Ganzen mehr bunt, als schön.

Nach einer längern Pause treffen wir die beiden letzten Zierschriften, als Schmuck der Ostermessen eingefügt, auf fol. 105b und 106a. Beide sind gleich behandelt. Die Palette beschränkt sich dabei auf Gold, Silber und Mennig auf purpurnem Grunde; nichts von der

---

Ausführliches über die Cannonentafeln in demselben Autors Aufsatz: „Bilderzettel und Bilderproduktion" in dem Strassburger Festgruss an A. Springer 1885. Studie I.

[*] Z. B. in einem St. Galluser Sacramentar (cod. bibl. 341) s. d. XI. s. Hier steht die weisse Schrift auf Goldgrund und ist kaum noch leserlich.

Buntheit und schreienden Pracht des vorigen Blattes ist zu spüren, sondern vornehm und ruhig, unter geschickter Zuhülfenahme des Pergamenttones stehen die Farben nebeneinander. Die linke Seite enthält unten in Silberschrift die Worte: Die dominion sei pasche. Einer näheren Beschreibung der gegenüberstehenden Seite werden wir durch unsere Abbildung (Taf. 6) überhoben. Wir machen auch hier auf die charakteristische Verflechtung von Initial und Umrahmung aufmerksam. Das Muster des Purpurgrundes ist abermals auf beiden Seiten ein verschiedenes, so dass im Ganzen fünf Variationen dieser Art in unserer Handschrift vorkommen. Die Umrahmung von fol. 105ᵇ ist rechteckig; auf fol. 106ᵃ schliesst dieselbe aber nach oben zu halbkreisförmig, und es sind hier, um den rechteckigen Abschluss der übrigen Zierseiten beizubehalten, an beiden Seiten der Rundung äussere Zwickel in Purpurton zugefügt. Die schlechte Begrenzung der letzteren und die ungleiche Auftrags-weise der Farbe beeinträchtigen leider die schöne Wirkung dieses Blattes. Der breite Silberstreifen inmitten der Umrahmung ist durch ein rothes Strichmuster verziert, welches den Metallglanz angenehm bricht. In der Verwendung der Farben lässt sich bei beiden Blättern ein bestimmtes Prinzip verfolgen: das Gold dient zu den Streifen des Buch-staben und der Umrahmung, das Silber zur Füllung der Zwischenräume, das Mennig theils zur Unterbrechung in der Einförmigkeit des Silbergrundes, theils zur nothwendigen Umränderung, und das Purpur zum Untergrunde. Der Glanz der Metallfarben kommt in der Handschrift nirgends so zur Geltung als hier, und die zerstörende Macht der Jahr-hunderte scheint spurlos daran vorübergegangen.

Wenden wir uns jetzt zur Betrachtung der in den Text eingefügten Initialen, welche unserer Handschrift sowohl durch ihre Zahl, wie durch die Schönheit der Ausführung zu besonderer Zierde gereichen. Wir zählen deren 256; da nun der Theil des Codex, welcher Initialenschmuck aufweist, 350 Seiten enthält, und die Initialen ziemlich gleich-mässig vertheilt sind, so fällt der Blick beim Oeffnen des Buches jedesmal bei zwei gegen-überstehenden Seiten auf mindestens eine Initiale, oft auch auf zwei derselben, je nach der Länge der betreffenden Messgebete. Unsere Handschrift steht hinsichtlich der Anzahl der Initialen einzig da. Das berühmte Beispiel der St. Gallener Kalligraphie aus der 2. Hälfte des IX. Jahrhunderts, der Psalter Folchard's z. B., enthält auf ungefähr gleichem Raume nur 150 Initialen von nahverwandter Ausschmückung, aber etwas grösseren Dimen-sionen. Am häufigsten ist das D als Initial verwendet — wegen der oft wiederkehrenden Anrede deus zu Beginn der Kollekten — darnach P: 42 mal, O: 25 mal, E: 14 mal und so fort bis auf N und T, welche je einmal vorkommen. Gar nicht in Initialenform finden sich B, G und H. Von Ligaturen kommt ausser dem erwähnten Praefatio-Anfangszeichen nur eine einzige, aus V und E zusammengesetzte auf fol. 143ᵃ vor.

Die Form der Initialen schwankt zwischen Capital und Uncial[*] beliebig hin

[*] Vergl. oben S. 19.

und her; so ist z. B. D 63mal als Capitale und 43mal als Unciale gezeichnet; das gleiche Schwanken gilt von E, A und F. Trotz der häufigen Wiederkehr finden sich aber nirgends direkte Wiederholungen. Das Capital-D ist z. B. 63mal verschieden dargestellt, und wenn die Abweichungen manchmal auch nicht erheblich sind, so geht doch daraus hervor, dass die Arbeit nicht schablonenmässig vor sich ging, sondern dass die betreffende Zeichnung jedesmal frei aus dem Kopfe neu entworfen, dem vom Schreiber leergelassenen Raume rücksichtlich der Dimensionen angepasst wurde. Eine unerschöpfliche Phantasie lenkte dabei die Feder und liess innerhalb eines beschränkten Formenkreises eine unglaubliche Anzahl von Varietäten entstehen. Zeichnung und Färbung bewegen sich durchweg in so einheitlichem Stil, dass Schwankungen, wie R. Rahn z. B. im St. Gallener Psalterium aureum in dieser Hinsicht nachweist, in unserer Handschrift nicht vorkommen*). Eine Zusammenstellung von einem der grösseren Initalen und neun kleineren geben wir auf Taf. 7, während Taf. 8 ausser der Schriftprobe ein Beispiel giebt, wie die Initalen in den Text eingefügt sind.

Ein schmaler Goldstreifen bildet den Contour des Buchstabens; derselbe ist bei den grösseren Initalen breiter gezeichnet, als gewöhnlich die Geriemsel in den karolingischen Handschriften, und doch wieder bedeutend schmäler, als in den St. Gallener Hauptwerken, ausserdem meist doppelt auftretend, d. h. den Grundstrich auf beiden Seiten begrenzend und nur zuweilen in den Haarstrichen zu einer Linie zusammenlaufend. Der freie Raum des Grundstriches innerhalb dieser Goldstreifen erscheint mit Mennig oder mit Blau gefüllt, und zur Belebung desselben werden theils Blüthen und Blätter, theils gebogene Verbindungsstreifen, sowie goldene Flechtbänder und Ranken mitten hinein oder quer hindurch gezeichnet. Ausnahmsweise findet sich auch eine aufsteigende Reihe von Blättern zur Füllung des senkrechten Hauptbalkens angewendet. Eine geometrische Ausfüllung des Buchstabenkörpers, wie sie die karolingische Kunst aus den irischen und angelsächsischen Schreibschulen übernommen hatte, und wie wir sie z. B. auch in der oben beschriebenen Ostfrid-Handschrift antrafen, kommt nicht vor. An den Endpunkten der Hauptstriche verlaufen die Goldfäden meist in unentwirrbares Knoten- und Flechtwerk, aus welchem sich die an den Hauptstamm angefügten übrigen Buchstabentheile entwickeln. Es entstehen also gewissermaassen Gelenkpunkte, welche mittelst Verknotung und Verschlingung die einzelnen Theile unter einander verbinden. In manchen Fällen vollzieht sich auch der Zusammenstoss der Glieder des Buchstabens ohne dieses Zwischenwerk in einfacherer Weise durch Weiterführung des Goldstreifens, oder durch eine einmalige Umschlingung des Grundstriches vom Nebenstriche aus.

Von diesem Geriemsel, das bereits der Ornamentik der deutschen Stammeszeit angehört, ist das Rankenwerk streng zu unterscheiden, welches aus den Enden oder mitten

---

*) Ueber die verschiedenartige Colorirung der Initalen des Epternacher Evangelius in Gotha s. Lamprecht i. d. Bonner Jahrb. LXX. S. 81.

aus dem Buchstaben herauswachsend den inneren Raum zwischen den Armen desselben erfüllt und sich häufig auch nach aussen Bahn bricht. Diesem Motiv verdanken unsere Initialen hauptsächlich den Reiz des Schwungvollen und Lebendigen, ohne dass aber dadurch die Form des Buchstabens verhüllt, oder die Lesbarkeit im Allgemeinen erschwert wird. Der Unterschied zwischen Flecht- und Rankenwerk wird an dem grossen D in-mitten unserer Tafel 7 besonders klar; von einer einzigen Stelle wachsen hier die Ranken heraus und füllen mit ihrem fast ganz symmetrisch verlaufenden Linienspiel das Innere des Buchstabens, indem sie mit ihren Enden hier und da reizvoll die goldenen Contour-linien durchbrechen und umklammern. Das Rankenwerk ist theils silbern, theils golden gefärbt und von derselben Breite wie die Contourstreifen und das Geriemsel. Die Ver-zweigungen sind mit zahlreichen seitlich herauswachsenden Blattsprossen und Knollen belebt und endigen theils in drei- oder mehrblätterige Blüthen, theils in allerlei lanzen-förmig sich zuspitzende Blatt- oder geöffnete Kelch- und Lilienformen*). Dabei ist zu bemerken, dass im vorderen Theile der Handschrift die Anbringung von Knollen an den Ranken nur sehr vereinzelt vorkommt, und dieselben dort durch länger heraustretende Blattsprossen ersetzt erscheinen, während ungefähr von der Mitte an das Knollenwerk entschieden überwiegt. Stellenweise ist auch das Geriemsel mit derartigen vegetabilischen Zuthaten versehen und dadurch dem Rankenwerk genähert worden. Der Verfall der älteren Bandornamentik tritt hierin ebenso zu Tage, wie in den scharfen Brüchen und Knicken, welche bei unseren Initialen fast durchweg an Stelle der in natürlichem Flusse sich durchdringenden Linien zu bemerken sind. Klarheit in das Gewirr der Gold- und Silberlinien bringt auch hier lediglich die Anordnung des Mennigstreifens als Umgrenzung derselben**). Dadurch, dass letztere nachträglich, d. h. nach erfolgtem Auftrag der Metall-farben, herangeführt worden sind, ist öfters ein schmaler weisser Streifen, welcher offen-bar nicht beabsichtigt war, zwischen den Farben stehen geblieben. Thierformen fehlen bei den Initialen unserer Handschrift so gut wie ganz, und man muss suchen, um nur einige wenige Beispiele der seit den Zeiten der irischen Kalligraphie bis zum Ausgang des Mittelalters so sehr beliebten Thierkopf-Endigungen zu entdecken***). Ein Gleiches ist bei den Initialen des Codex Egberti der Fall.

Auch von den aus der klassischen Kunst in den Formenkreis der karolingischen Renaissance übergegangenen Ornament-Motiven finden sich bei den zahlreichen Initialen

---

*) Ueber die stilistische Entwicklung der Einzelformen der Buchstaben-Ornamentik und die damit zu-sammenhängenden Fragen handelt am ausführlichsten K. Lamprecht's Initial-Ornamentik, Leipzig 1882. Viel Bemerkenswerthes auch in den Arbeiten R. Rahn's auf diesem Gebiete.

**) Ueber die verschiedenen Arten der Umränderung der Metallfarben s. R. Rahn, Psalt. zur S. 57 Anm. 8, S. 58 Anm. 14, und S. 59 Anm. 35.

***) Besonders auf foll. 63b, 65b, 68b, 69b, 75b, 80b, 94b, 108b und 110b. Rahn (Psalt. zur S. 59, Anm. 37) führt einige wenige Handschriften aus der Periode Karl's des Kahlen an, welche gleichfalls des zoo-morphischen Elementes entbehren.

Gesta Trevir. 7

nur ganz vereinzelte Spuren, so besonders die Anklänge an Akanthusverzierung auf foll.
78ᵃ, 78ᵇ und 82ᵃ (v. das P. auf Tafel 7). Die Rippen sind hierbei mit zarten rothen
Strichen eingezeichnet, und die Augen durch ebensolche Tupfen betont, gerade wie in dem
Metzer Evangeliar des IX. Jahrhunderts in Paris (Bibl. nat. lat. **9385**, und in dem
St. Gallener Psalterium aureum*). Häufig begegnet uns die schon oben bei Beschreibung
der Umrahmungen des Purpurgrundes hervorgehobene Eigenthümlichkeit, dass die goldenen
Randlinien und das Rankenwerk vor der Auseinanderzweigung durch ein umgelegtes
silbernes Band zusammengehalten werden. Uns ist dieses Motiv aus älteren Handschriften
nicht bekannt. Möglich, dass auch hier, wie ein Vergleich mit den Initialen des Egbert-
Codex und der Karlsruher Handschrift Reichenau XXXVII nahe legt, eine Eigenthümlichkeit des Reichenauer Scriptorium vorliegt, welche späterhin allgemeine Nachahmung
und weitgehende Ausbildung fand**).

Im Ganzen arbeitet der Zeichner also nur mit den beiden Elementen des Band-
und Rankenwerkes, auf deren mannigfacher Gestaltungsfähigkeit das Geheimniss der un-
erschöpflichen Fülle von Combinationen beruht. Unterstützt wird die Führung des Rankenwerkes durch Blüthen- und Blattwerk, welches aber im Vergleich zu der hauptsächlich in
der Schule von Tours hervortretenden Mannigfaltigkeit vegetabilischer Formen zu karolingischer Zeit in bescheidenen Grenzen variirt.

Von wesentlicher Bedeutung für die Farbenpracht der Initialen sind die verschieden gefärbten Zwischengründe, welche die ältere karolingische Kunst nicht kannte.
Die Farben sind abwechselnd grün und blau, seltener mennigroth. Ein feines Gefühl
für die Wirkung der Farbenzusammenstellungen macht sich durchweg geltend und äussert
sich besonders bei den oben beschriebenen Zierseiten. Die klaren, ungebrochenen Töne
in Verbindung mit dem Glanz der Metallfarben wirken zwar auf unser durch sanftere
Uebergänge und Mitteltöne verwöhntes Auge oft schreiend und bunt, doch darf man sich
dadurch in der Beurtheilung der kalligraphischen Leistungen dieser Periode nicht beein-
flussen lassen. Die Colorirung der Initialen im Psalterium aureum steht in dieser Beziehung in einem offenen Gegensatze zu unserer Handschrift. Die grellen Contraste erscheinen dort absichtlich vermieden, und Mitteltöne eingeführt, welche freilich oft mehr
schmutzig als vermittelnd wirken; auch wird viel Purpur verwendet, der bei unseren

---

*) R. Rahn, Psalt. ꜱ. 8, 9 u. 16.

**) Ueber die Weiterentwicklung dieses Motives, dessen Ursprung nach Ort und Zeit nicht näher
angegeben wird, s. K. Lamprecht, Initial Ornamentik, S. 20. In dem wohl nur kurze Zeit vor unserem Sacramentar entstandenen Psalterium aureum der St. Gallener Stiftsbibliothek kommen ausnahmsweise einige vereinzelte
Andeutungen dieses Spangen-Motives vor, doch kann dies nicht als Gegenargument gegen unsere Annahme, dass
hier eine Reichenauer Eigenthümlichkeit vorliegt, angeführt werden, da die consequente Anwendung der Silber-
spangen in unserer Handschrift darauf schliessen lässt, dass ältere Versuche in dieser Richtung vorausgegangen
sind, so dass das Motiv mithin aus älteren Erzeugnissen des Reichenauer in die Werke des St. Gallener Scriptorium
übergegangen sein könnte. Auch im Wormser Sacramente der Arsenalbibliothek in Paris finden sich diese Spangen,
ein weiterer Beweis für die enge Zusammengehörigkeit dieser Ms.'s mit unserer Handschrift.

Initialen gänzlich fehlt. Die consequente Verbindung von Grün und Blau in den Füllungen der Initialen bezeichnet Woltmann gelegentlich der Besprechung der Bamberger Apokalypse[*] als für die deutschen Miniaturen des X. bis XII. Jahrhunderts besonders charakteristisch. In der That lässt sich eine offenbare Vorliebe für diese Farbenverbindung nicht nur bei den Initialen, sondern auch bei den figürlichen Darstellungen dieser Zeit nachweisen — in unserer Handschrift haben wir die Streifung des Hintergrundes in Grün und Blau auf fol. 44[b] bereits hervorgehoben[**] — doch ist dieselbe nicht so allgemein verbreitet, dass sich nicht auch eine grosse Anzahl kalligraphischer Prachtwerke ohne ein einziges Beispiel dieser Farbenzusammenstellung aufzählen liesse. So entbehrt z. B. das St. Gallener Psalterium aureum vollständig der blauen Farbe. Die Füllungen halten sich in unserer Handschrift durchaus innerhalb des von den Theilen des Buchstabens begrenzten Raumes, während eine Anzahl Erzeugnisse der St. Gallener Schule des ausgehenden X. Jahrhunderts (z. B. Stiftsbibl. No. 338, 341, 376 u. a.) auch ausserhalb desselben bunte Färbung aufweisen, die sich entweder in Abtreppungen ungefähr dem äusseren Contour des Buchstabens anschliesst oder ohne bestimmte Umgrenzung in unregelmässigen Linien verläuft[***].

Von einer Stilverschiedenheit, wie sie R. Rahn bei den Initialen des Psalterium aureum nachweist, ist, wie gesagt, bei den Zierbuchstaben unseres Sacramentars keine Spur zu finden; dieselben rühren unseres Erachtens sämmtlich von einer Hand her. Die oben angeführten Einzelheiten hinsichtlich des Vorkommens von Thierköpfen und Akanthus sind nur als unwillkürlich aus der Feder geschlüpfte oder misslungene Versuche nach der einen oder anderen Richtung hin aufzufassen und beweisen nichts gegen unsere Annahme. Es dürfte schwer halten, ein zweites Beispiel der Buchmalerei dieser Zeiten mit einer so grossen Anzahl stilistisch und technisch gleich übereinstimmender Initialen aufzuweisen.

Die technische Ausführung stimmt vollkommen mit den von R. Rahn für die Initialen der St. Gallener Prachthandschriften gegebenen Hinweisen[†]. Die Vorzeichnung geschah mittelst eines farblosen Stiftes, dessen Züge neben den rothen Umfassungslinien hervortretend, zuweilen noch sichtbar sind. Darauf folgte die Bemalung, wahrscheinlich zuerst mit den Metallfarben, darnach mit den übrigen Tönen. Die Polirung des Silbers und Goldes, sowie die Umränderung dieser Farben mit Mennig beendigte den Vorgang. Eine

---

[*] Kstw. u. Kstl. in Franken S. 94.

[**] Weitere Beispiele: Reichenauer Lectionar (XXXVII) in Karlsruhe, Lectionar des XI. s. in Wolfenbüttel (s. Schönemann, Hundert Merkwürdigk. u. s. w., S. 31), das Matutinalbuch Conrad's von Scheyern (München, Kgl. Bibl. Cim. 17401), die Heidelberger Handschrift des Liber Scivias (Univ. Bibl. Sal. X, 16) u. s. w. S. u. S. 55 u. 56. Grün und Blau dominiren gleichfalls auf dem oben beschriebenen Karlsruher Bilde zu Beginn des Parkhardschen Lobgedichtes; bei den Gemälden der Unterkirche zu Schwarzrheindorf ist ein Gleiches zu constatiren.

[***] Folchard's Psalter zeigt keine Füllungen, sondern eine bunte Untermalung des ganzen Initials, womit das Uebergreifen der Farbe über die Grenzen des Buchstabens motivirt ist.

[†] Psalt. aureum S. 45.

7*

Untermalung der Metallfarben mittelst einer Mischung von Eiweiss, Mennig und Zinnober, wie sie Theophilus Presbyter für die Initialen vorschreibt[*]), ist allem Anscheine nach nicht vorgenommen. Die ausnahmsweise gute Erhaltung des Silbers in unserer Handschrift hat Waagen bereits gebührend hervorgehoben; zwar fehlt es nicht an Stellen, besonders bei den kleinen Initialen, wo dasselbe fast schwarz geworden ist, im Ganzen aber zeugt der ungebrochene Glanz des Gold- und Silberauftrages von einer ungewöhnlichen Sorgfalt für diesen Theil der Ausschmückung, und unser Sacramentar ist in dieser Beziehung selbst dem berühmten St. Gallener Meisterwerk, dem Psalter Folchard's als vollkommen ebenbürtig zu bezeichnen[**]). Ein Durchschlagen des Goldes, wie im Psalterium aureum, ist nirgends zu bemerken. Dagegen stört empfindlich das unvermeidliche Durchschlagen des Silbers, was R. Rahn der Verwendung von Ochsengalle zuschreibt[***]). In dem Sacramentar der Freiburger Universitätsbibliothek (Ms. 360ᵃ, Wende X./XI. s.), welches eine auffallend häufige Anwendung von Silber sowohl in der Schrift, wie bei den Bildern aufweist, hat man diesen Uebelstand nicht ohne Erfolg dadurch zu umgehen gesucht, dass man den Purpurgrund so tief wie möglich färbte, und im übrigen auf unbedecktem Pergament von der Verwendung des Silbers ganz Abstand nahm. Möglich, dass desshalb auch in einigen Prachthandschriften, z. B. in dem Codex aureus und dem Gebetbuch Karl's des Kahlen in München, dem Psalterium aureum in St. Gallen, und dem Aachener Evangeliar Kaiser Otto's, bei reichstem Goldschmuck Silberschmuck vollständig vermisst wird. Leider hat sich in unserer Handschrift das Blau in den Umrahmungen der Blätter und bei den Initialen meist so schlecht erhalten, dass an einigen Stellen nur noch ein dünner hellblauer Schimmer auf dem Pergamente ruht. Offenbar trägt hieran die mechanische Abreibung in Folge des häufigen Umwendens der Blätter die Hauptschuld, da an den wenigen Stellen, wo die Farben durch die bereits vor Jahrhunderten im Buche angebrachten Zwischenlagen geschützt sind, das Blau sich ebenso gut und frisch erhalten hat, wie das Grün und Roth.

Der engen Verwandtschaft zwischen unseren Initialen und denen des Darmstädter Evangeliars ist bereits mehrfach gedacht worden. Der Stil ist vollkommen derselbe, nur sind im Allgemeinen die Riemen und Ranken etwas schmäler gezeichnet. Die Colorirung weist ferner eine reichere Palette auf, und neben einem stumpfen Blaugrau wird ein pastoser lila Ton in den Gründen bevorzugt. Bei der Färbung der Blätter und Blumen am Ende der Ranken tritt in der Anwendung von Blau, Lila und Purpur ein Streben nach Buntheit hervor, welches den feinen Farbensinn unserer Handschrift vermissen lässt. Im Allgemeinen macht sich überhaupt bei Betrachtung des Darmstädter Codex das Gefühl geltend, dass ein handwerksmässiger Zug hineingekommen ist und offenbar nicht mehr die strenge

---

[*]) Schedula div. artium, ed. Ilg i. d. Quellenschr. f. Kunstgesch. VII, S. 68.
[**]) Aehnlich gute Conservirung zeigt das Wormser Sacramentar der Arsenalbibliothek in Paris.
[***]) Psalt. aureum 61, Anm. 64.

Tradition herrschend war, welche im älteren Codex besonders in technischer Hinsicht hervorleuchtet. Dies gilt nicht nur von dem kalligraphischen Schmucke der Handschrift, sondern auch von den beiden oben erwähnten, wahrscheinlich als einzige originale Zuthat beigefügten Widmungsbildern.

Die Initialen des Sacramentarium Augiense in Wien zeigen, soviel aus den brieflichen Mittheilungen und den übersandten Pausen hervorgeht, ein stärkeres Betonen des Flechtwerkes. Das Rankenwerk erscheint noch unausgebildet, doch sind die häufig heraustretenden Ringelchen wohl als Vorläufer der Knollen und Sprossen unserer Initialen zu betrachten. Thierköpfe und Spiralen kommen vor; im Ganzen scheint überhaupt die irische Ueberlieferung, die in den alemannischen Klöstern nie ganz ausgestorben war, vorherrschend. Die Anzahl der grösseren, reich verzierten Initialen ist in der Wiener Handschrift eine sehr geringe.

Dagegen zeigen die Initialen der oben erwähnten Karlsruher Handschrift (Reichenau XXXVII. X. s.) in stilistischer Hinsicht eine solche Uebereinstimmung mit denen unseres Sacramentars, dass ohne Bedenken eine gleiche Herkunft anzunehmen ist. Es handelt sich hierbei natürlich nicht um die Bilder-Buchstaben in dem mittleren, aus einer früheren Zeit stammenden Theile, sondern um die Initialen des vorderen (Homiliarium) und hinteren Theiles (Lectionarium) der Handschrift. Alles, was wir oben hinsichtlich der Verwandtschaft unserer und der Initialen des Egbert-Codex gesagt haben, lässt sich auch hierauf anwenden; nur dass die Farbengebung, da es sich nicht um eine Prachthandschrift, wie die unsere handelt, leichter behandelt, und auf die Anwendung von Gold und Silber ganz verzichtet worden ist. Die meisten Initialen sind sogar nur in rothen Contouren angelegt.

Es liegt nahe, am Schlusse dieser Betrachtungen eine Vergleichung zwischen den beiden berühmtesten alemannischen Kalligraphen-Schulen des IX. und X. Jahrhunderts vorzunehmen. Wie oben bemerkt, fällt die Blüthe Reichenaus vor die Zeit, welche in St. Gallen Werke, wie das Psalterium aureum, den Psalter Folchard's und das Evangelium longum des Sintram entstehen sah. Unsere, die Trierer und die Darmstädter Handschrift, welche sämmtlich aus dem X. Jahrhundert stammen, müssten somit bei dem absoluten Mangel an erhaltenen Beispielen aus der Reichenauer Blüthezeit, mit den oben genannten Meisterwerken zusammengehalten werden. Die Unzulänglichkeit eines derartigen Vergleiches wird noch dadurch vergrössert, dass die St. Gallener Mss. selbst hinsichtlich der kalligraphischen Ausstattung — und von dieser kann hier nur die Rede sein — sehr verschiedenartig behandelt sind. So steht das durch seinen Bilderschmuck hervorragendste Werk dieser Schule, das Psalterium aureum, rücksichtlich der Initialen in stilistischer und technischer Beziehung weit hinter dem Psalter Folchard's zurück, ist aber andererseits darin wieder dem berühmten Werke des Sintram, welches fast ganz auf den Reiz der Farben verzichtet und ein Rückgreifen in die Linien-Motive der älteren karolingischen Kunst bekundet, überlegen. Das Urtheil würde somit je nach dem zum Vergleich herangezogenen Werke jedesmal anders ausfallen. Im Ganzen lässt sich trotzdem behaupten, dass die Kunstfertigkeit der Reichenauer Schule noch im X. Jahrhundert der der St. Gallener Schule zur Zeit der höchsten Blüthe ebenbürtig erscheint. Dem unsicheren Spielen mit den verschiedensten Motiven der Initial-Ornamentik steht ein zielbewusstes Masshalten, dem Suchen nach allerlei Farbeneffekten die consequente Anwendung einer bestimmten, wohlabgewogenen Farbenskala gegenüber. In technischer Beziehung, besonders in der Anwendung der Metallfarben, ist unsere Handschrift sogar dem Psalterium aureum entschieden überlegen. Nicht zu leugnen ist andererseits, dass einzelne der grossen Pracht-buchstaben in den genannten St. Gallener Handschriften, sowohl in der Farbengebung, wie in der künstlerischen Verflechtung der einzelnen Motive und in der Kunstfertigkeit der Zeichnung den schönsten kalligraphischen Leistungen unserer Handschrift nicht nur nicht nachstehen, sondern stellenweise sogar vor ihnen den Vorzug der grösseren Ab-wechslung in Form und Farbe voraus haben.

F. X. Kraus und K. Lamprecht betonen übereinstimmend, dass bei den Initialen des Codex Egberti im Vergleich zur Ornamentik der St. Gallener Blüthezeit*) ein Fort schritt des Pflanzenornaments nach der naturalistischen Seite hin sichtbar werde. Diesem Ausspruche der genannten Gelehrten, welcher bei der nahen Verwandtschaft der Trier'schen Initialen mit denen unserer Handschrift zugleich eine Kritik der letzteren in sich schliesst, können wir nicht ganz beistimmen. Wir können in dem Rankenwerke der in der Kraus'-schen Publication auf Taf. 8 und 14 wiedergegebenen Initialen des Codex Egberti nichts entdecken, was sich nicht in derselben naturalistischen Weise, z. B. bei dem in den M. G. SS. II auf Taf. 5 wiedergegebenen C aus dem Evangelium longum**) oder bei einer Anzahl der in dem genannten Kraus'schen Werke nachgebildeten Initialen des Psalterium aureum angewendet fände. Auch die Verwendung der Knollen, welche besonders natu-ralistisch wirkt, findet sich in Verbindung mit seitlich herauswachsenden Blättchen vielfach bereits in den genannten St. Gallener Mss. und ist somit nicht als naturalistischer Zu-wachs zu bezeichnen. Weit eher könnte das Herauswachsen von grasartigen Strichen und Stengeln bei den Ranken des oben angeführten C im Evangelium longum als Fortschritt in dieser Richtung betrachtet werden. Die organische Entwicklung der Nebenranken aus der Hauptranke, die Mannigfaltigkeit in der Zeichnung der Blätter und Blüthen, sowie das erwähnte naturalistische Element der verbindenden Spangen

---

*) F. X. Kraus fügt hinzu „des X. Jahrhunderts“, doch sind dabei jedenfalls die Werke des aus-gehenden IX. Jahrhunderts, wie das Psalt. aur. und Folchard's Psalter, mit gewählt, da sich in diesen neben dem Evangelium longum die St. Gallener Ornamentik am deutlichsten offenbart. Selbst letztgenanntes Werk fällt möglicherweise noch in die letzten Jahre des IX. Jahrhunderts.

**) Dasselbe soll von Abt Salomo III. (890—920) eigenhändig in das Ms. des Sintram eingezeichnet worden sein (s. M. G. SS. II, 89). Weitere Proben von Initalen aus dem Evangelium longum im Neujahrs-blatt des histor. Vereines von St. Gallen, 1864.

sind den Werken beider Schulen gemein und finden sich auch anderwärts bei gleichzeitigen Arbeiten.

Am Schlusse seiner Besprechung der St. Gallener Meisterwerke spricht R. Rahn
die Vermuthung aus, dass die Initial-Ornamentik derselben für eine ganze Reihe von Prachthandschriften des IX. und X. Jahrhunderts tonangebend gewirkt habe[*]. Unseres Erachtens muss das Kloster des heiligen Gallus diese Ehre mit der Pirminsstiftung der
Angia dives zum mindesten theilen, und sogar fast ganz abtreten, wenn man annehmen
darf, dass die Reichenauer Schule, welche noch in der Mitte des IX. Jahrhunderts die
Kräfte zur Ausmalung der Prälatur des St. Gallener Klosters herleihen musste[**], und
sogar zur Zeit der Nachblüthe Leistungen wie das Heidelberger Sacramentar und den
Egbert-Codex hervorzubringen im Stande war, dass diese Schule auch die Vorbilder für die
um die Mitte des IX. Jahrhunderts unter Abt Grimald emporstrebende Schreibschule des
benachbarten Klosters geliefert habe. Ein abschliessendes Urtheil dürfte in Folge des
Mangels an genügendem Vergleichungsmaterial schwer zu fällen sein.

Der Einband unserer Handschrift ist völlig schmucklos und wohl zu der Zeit
hergestellt, als das ausser Gebrauch gesetzte Sacramentar in die Kloster-Bücherei zurück-
wanderte, und der frühere kostbare Einband anderweitig verwendet wurde. Damals sind
auch wahrscheinlich die jetzt noch vorhandenen, dünn gewebten Lappen zum Schutze der
hervorragendsten Miniaturen auf das Pergament aufgenäht worden.

III. Cod. Sal. IX, 57.

Dies dem Ausgange des X. oder Anfange des XI. Jahrhunderts angehörige Ms.,
welches ein **Martyrologium** (Usuardi) per circulum anni, einen vollständigen **Kirchen-
kalender** und ein unvollständiges **Lektionar** enthält, ist wahrscheinlich in Petershausen geschrieben worden. Die drei Theile stammen aus derselben Zeit, aber von verschiedener Hand; dabei sind der vordere und hintere Theil hinsichtlich der Initialen völlig
gleich behandelt. Letztere unterscheiden sich in 1) grössere, welche mit blau-grün[***]
oder hellgelbgrün gefärbten Zwischengründen versehen sind (auf foll. 1a, 61a und 78b),
und 2) kleinere, welche in flüchtiger Weise nur feine rothe Umrisslinien vorgezeichnet
enthalten (auf foll. 5b, 9a, 12b, 16a, 21a, 25b, 29b, 34b, 39a, 43b, 48b, 87a, 103a und
104a). Der Stil der Buchstaben zeigt die Weiterbildung des Rankenwerkes unter völliger

---

[*] Psalt. aureum S. 55.
[**] S. Ratpert, Casus Mon. St. Galli, ed. Meyer v. Knonau (Mitth. z. vaterl. Gesch., herausgg. vom
histor. Verein in St. Gallen, Neue Folge, Heft 3, St. Gallen 1872).
[***] S. o. S. 51.

Aufgabe jener Bandverschlingungen, welche in dem vorstehend beschriebenen Ms. auftreten. Die Ranken sind dabei wesentlich breiter behandelt, die Blätter und Blüthen voller und runder. Besonders ausgebildet ist das Spangenwerk, welches durch Hinzufügung von Nägeln noch naturalistischer wirkt. Die Balken der Buchstaben entbehren jeglicher Ausschmückung. Thierformen fehlen ganz; nur auf dem ersten Zierbuchstaben hat sich auswärts ein kleines phantastisches Ungeheuer niedergelassen. Die Zeichnung ist meist sauber und bestimmt, das Roth gut erhalten.

Das XI. Jahrhundert fällt für unsere Betrachtungen so gut wie aus. Zu erwähnen wäre nur eine Initiale, welche zu Beginn eines Briefes (Abschrift) des Abtes Berno von Reichenau an Heinrich II. auf fol. 59ᵃ des

IV. Cod. Sal. IX, 20

steht und im Stil aufs Genaueste mit den oben beschriebenen Initialen des Reichenauer Sacramentars und des Codex Egberti übereinstimmt. Es macht nicht den Eindruck, als ob hier eine sklavische Copie eines Vorbildes aus den genannten Handschriften vorläge; die gute Tradition scheint vielmehr bis in's XI. Jahrhundert hinein selbstständig fortgewirkt zu haben. Die Färbung der Zwischenräume ist wiederum grün und blau[*].

V. Rolandslied des Pfaffen Conrad.
(Pal. germ. 112.)

Unter den Cimelien des XII. Jahrhunderts steht kunstgeschichtlich die Handschrift, welche des Pfaffen Conrad Bearbeitung des Rolandliedes enthält, an erster Stelle. Bezüglich des Inhaltes, der Schreibweise, der Seitenzahl und Grösse dieser Handschrift verweisen wir wieder auf die betreffenden Angaben in K. Bartsch's Katalog der altdeutschen Handschriften.

Der Text enthält 39 Illustrationen, von denen Taf. 10 vier Beispiele in Lichtdruck-Reproduktion enthält. Eine vollständige Wiedergabe der Bilder findet sich in dem Atlas, welcher der Ausgabe des Rolandliedes von Wilh. Grimm (Göttingen 1838) beigefügt ist. In Wilken's Gesch. u. s. w. der Heidelb. Büchersammlung, sowie in verschiedenen Kunstgeschichten und Bilder-Atlanten sind gleichfalls Proben enthalten. Diese Reproduktionen leiden sämmtlich an dem Fehler, dass sie die Strichführung des Originals mehr oder minder verändert, meist zu fliessend und gleichmässig wiedergeben, wie ein Vergleich mit unseren photomechanisch hergestellten Proben beweist[**].

[*] S. o. S. 51.

[**] Im Grimm'schen Atlas ist als besonders verfehlt zu bezeichnen: die Wiedergabe des im Original oft sehr gut gelungenen Gesichtsausdruckes und des Faltenwerkes.

Die Bilder sind mitten in den Text an Stellen, welche der Schreiber zu dem Zwecke ausgespart hatte, eingefügt*) und vertheilen sich ziemlich gleichmässig über das ganze Buch. Dass Zeichner und Schreiber nicht eine Person waren, wird dadurch wahrscheinlich, dass die Bilder nicht selten an falscher Stelle stehen, d. h. dass der Zeichner an die leer gelassenen Stellen Bilder einfügte, welche sich auf eine oft mehrere Seiten vorher oder hinterher befindliche Textstelle beziehen, und somit dem vom Schreiber in Aussicht genommenen Gegenstande nicht entsprechen. Die Illustrationen rühren sämmtlich von einer Hand her und sind mit starken, energischen Umrissen, ohne Vorzeichnung flott entworfen. Der Kunstwerth derselben ist an und für sich ein geringer, doch sind die anspruchslosen, einfarbigen Zeichnungen im Sinne der mittelalterlichen Text-Illustrationen: als Abwechselung im Einerlei der Buchstaben und als Schrift für „ungelernte Leute" ganz an ihrem Platze. Wir lassen zunächst eine kurze Inhaltsangabe und Beschreibung der 39 Darstellungen folgen:

1) Fol. 5ᵃ. Taufe der besiegten Heiden von Tortosa. Der Bischof (Turpin) steht neben einem in einfachsten Umrissen gezeichneten romanischen Taufkelche, in welchem ein Heide (Josins) bockt**). Ebenso wie der Bischof von links her, legen von rechts her zwei Taufzeugen mit ernster Miene die Hände auf die Schulter des Täuflings. Links neben dem Bischof steht ein Geistlicher, welcher dessen Stab trägt und dem Täufling die geöffnete Schrift vorhält. Der Vorgang ist einfach und schlicht angedeutet. Der Bischof trägt die zweigetheilte, in damaliger Zeit noch sehr niedrige, spitze Mitra und hat das eine vorn heraufgeschlagene Ende der Casula, um in der Bewegung der Hände weniger behindert zu sein, hinten mit einem Knoten befestigt. Es ist dies einer der lebendigen, naturwahren Züge, welche wir öfter antreffen werden, und welche davon zeugen, dass der Zeichner nicht nach der Schablone, sondern aus dem Gefühl der Handlung heraus gearbeitet hat.

2) Fol. 5ᵇ. Kaiser Karl in langem Barte, mit der Krone auf dem Haupte und ein Lilienscepter in der Hand haltend, sitzt auf einem steinernen Throne und wendet sich aufhorchend zu einem vor ihm stehenden Paladin (Roland?), welcher in der Rechten das Schwert des Kaisers hält, während er mit dem Gestus der Linken seine Rede begleitet. Auf der andern Seite stehen zwei Helden ohne besondere Abzeichnung, in Anhören vertieft. Der vordere lässt dabei die Arme herabhängen und hat die Hände übereinandergeschlagen, eine Geberde des unbetheiligten Zuschauens oder Zuhörens, welche uns in der Folge wiederholt begegnen wird. Dargestellt ist, ohne direkten Anschluss an

---

*) Drei zu diesem Zwecke leer gelassene Stellen finden sich auch in dem mit unserem Ms. nahe verwandten Fragment des Rolandliedes im Schweriner Archiv, und zwar genau an derselben Stelle im Text, wo hier die betr. Bilder eingezeichnet sind (s. W. Grimm, Ruolandes Liet, Einl. S. 23 u. 25).

**) Eine der ältesten Darstellungen dieser Art auf dem 13. Bilde zur Legende von der Kreuzfindung in dem berühmten Codex, welcher das Wessobrunner Gebet enthält (München, Kgl. Bibl. Cim. 2205).

eine Textstelle, wie Carl vor Saraguz, dem letzten Bollwerke der Heiden, Kriegsrath hält.

3) Fol. 6ᵃ. Marsilie im Rathe mit den Seinen (Vers 405 f.)*). Die Scene ist
nur zur Hälfte dargestellt, da diejenigen Personen, an die sich der König mit seiner
Rede nach rechts hin wendet, fehlen. Marsilie trägt, wie Kaiser Karl, ein Lilienscepter,
nur etwas kleiner, in der Hand und eine Krone auf dem Haupte. Sein Bart ist kurz ge-
schoren. Hinter ihm stehen zwei baarhäuptige Begleiter, von denen der vordere, wie
Roland auf dem vorhergehenden Bilde, als Schwertträger dargestellt ist; der hintere, der
alte Blancandiz, erscheint mit langem, getheilten Barte.

4) Fol. 8ᵇ (s. Abbild. 2 auf Taf. 10). Kaiser Karl empfängt die vor ihm
knieende heidnische Gesandtschaft, an deren Spitze links der schlaue Alte vom vorigen
Bilde erscheint (V. 680**). Die Wiedergabe der Wirkung der Botschaft auf den Kaiser
ist eine vom Text abweichende. Die Rechte fasst überlegend in den Bart, das Auge irrt
zweifelnd und misstrauisch zur Seite. Es lag nämlich nicht in des Zeichners Vermögen,
auch nur eine Spur von der ausführlichen Schilderung des Dichters über die grossartige
Persönlichkeit des Kaisers, und wie derselbe die Boten, beim Schachspiel sitzend mit den
Blicken durchbohrt, im Bilde wiederzugeben; er verzichtete in Folge dessen ganz hierauf,
und machte aus dem zornigen In-den-Bart-Greifen, einem in den chansons de geste häufig
vorkommenden Zuge***), einen überlegenen Gestus, somit aus dem erbosten Kaiser einen
nachdenklichen. Wollte man eine Absicht des Zeichners nach dieser Richtung hin nicht
anerkennen, so müsste man die Darstellung als im Ausdrucke völlig verfehlt bezeichnen.
Denselben Gestus in zornigem Sinne sehen wir auf dem letzten Bilde.

5) Fol. 11ᵇ (Abbild. 1 auf Taf. 10). Einnahme der Burg Corderes. (V. 875.)
Die Belagerten strecken Frieden flehend die Hände über die Mauern den Angreifern entgegen, die fast in gleicher Kopfhöhe davorstehend sichtbar werden. Als Zeichen der Unter-
werfung ist die Thurmthür geöffnet. Der Mangel an jeglicher Perspektive und Proportion
tritt gerade bei diesem Bilde sehr störend entgegen.

6) Fol. 15ᵇ. Versammlung der Paladine. Bischof Turpin in der Mitte, in voller
Amtstracht, links und rechts je zwei Mitrather. (V. 1166.) Die Geberdensprache während des Für- und Wider-Redens ist charakteristisch zur Darstellung gebracht.

7) Fol. 19ᵃ. Genelun, der Verräther, lässt den ihm von Karl zur Ueberbringung
an die Feinde gereichten Fehdehandschuh zur Erde fallen. Er erscheint als Greis in
halb knieender Stellung, mit bittend vorgestreckten Händen, ganz wie Blancandiz auf dem
vierten Bilde. Hinter dem thronenden Kaiser stehen, wie gewöhnlich, zwei Paladine;
der vordere, wieder als Schwertträger dargestellt, ist offenbar Roland, welcher dazu ge-

---

*) Wir citiren nach K. Bartsch's Ausgabe des Rolandliedes, Leipzig 1874.
**) W. Grimm hat dies Bild missverstanden, s. Einl. S. 26.
***) s. Bartsch, Rolandslied S. 54 zu V. 1155.

rathen, seinen Schwiegervater mit der Botschaft zu betrauen. Oberhalb des Letztgenannten steht das Wort „Genelun", ein Aushilfsmittel, dessen sich der Zeichner innerhalb des ganzen Cyklus nur dreimal bediente. Der oberste Theil der Köpfe ist bei den meisten Figuren auf diesem Bilde durch das Beschneiden des Pergaments in Wegfall gekommen.

8) Fol. 21ᵇ. Genelun auf der Reise. Voran reitet Blanscandiz, durch die phrygische Mütze als Heide gekennzeichnet*), der sich im Gespräch nach rückwärts zu Genelun und den drei Reitern seines Gefolges wendet. Abweichend von der vorangehenden Darstellung ist der Verräther hier mit einem kurzen Vollbart dargestellt; gekleidet ist derselbe in das golddurchwirkte Seidengewand, den blialt, an dem eine Schelle hängt, (V. 1619), der Kopf steckt in einer Art Kapuze. Die Begleiter sind, wie gewöhnlich, haarhäuptig dargestellt, eifrig auf die Worte des Alten lauschend. Von der reichen Ausrüstung des Zuges, die der Dichter ausführlich beschreibt, ist nichts zu sehen.

9) Fol. 24ᵃ. Blanscandiz und Genelun umarmen sich vom Sattel aus, ein Begleiter erhebt warnend die Hand. Die Haltung des rechten Armes des zuvörderst Reitenden ist in der Wirklichkeit ganz unmöglich.

10) Fol. 26ᵃ. Berathung unter dem Oelbaume (V. 1920). In der Mitte sitzt, an der Mütze kenntlich, der schlaue Alte, auf der andern Seite, neben dem Baume, Genelun, der von jetzt ab bartlos erscheint, beide im Gespräch mit den noch meins scheinenden Gefährten. Auch hier wird die Lebhaftigkeit der Rede wirksam von den Händen unterstützt. W. Grimm ist der Ansicht, dass dies Bild von einer anderen Hand als die übrigen herrühre**). Wir sehen keinen Grund zu dieser Annahme. Das Bild ist ganz im Charakter der übrigen und auch in den Falten nicht ungeschickter behandelt. Die Wiedergabe im Grimm'schen Atlas ist in diesem Falle eine besonders schlechte, und vielleicht liegt hierin die Ursache der Verschiedenheit.

11) Fol. 29ᵇ. König Marsilie, in der Mitte des Bildes stehend, erhebt seinen Stock, um Genelun, der das Schwert halb aus der Scheide zieht, zu schlagen, während die Umgebung gleichmüthig dem Vorgange zuschaut. Die Darstellung krankt an dem Mangel innerer und äusserer Bewegung. Weder spiegelt sich eine Spur von Zorn in den Mienen des Königs, noch steht die Körperhaltung mit seinem Vorhaben einigermassen in Einklang; ebenso charakterlos ist die Wiedergabe des Verräthers. Action und Leidenschaft gerathen dem Zeichner am wenigsten, zu diesem Ergebnisse werden unsere Betrachtungen wiederholt führen; dafür vermeidet derselbe andererseits jene Gliederverrenkungen und jenes falsche Pathos, das sich in so vielen mittelalterlichen Illustrationen breit macht. Das Bild steht an ganz falscher Stelle und gehört im Texte vier Seiten weiter nach vorn.

---

*) W. Grimm verwechselt die beiden Personen.
**) A. a. O. Einl. S. 27.

12) Fol. 32ᵇ. Marsilie und Genelun vereinigen sich zum Schwur auf Roland's Untergang und heben die Schwurhand zu dem in Gestalt des goldenen Kalbes auf einer Säule thronenden Gotte Apollo empor (V. 2364), der die Mitte des Bildes einnimmt. Blancandiz steht links hinter dem Verräther und betheiligt sich durch Aufstrecken der Schwurfinger am Vorgange.

13) Fol. 41ᵇ. Traum Karl's. Der Kaiser, von jetzt ab meist mit kurzem Vollbarte dargestellt, liegt unter einer Decke, nur mit einem Hemde bekleidet, aber die Krone auf dem Haupte tragend, im Bett. Ringsum stehen Gewappnete mit Speer und Schild. Zu Füssen des Bettes sieht man den Bär, von welchem der Kaiser zuerst träumt, sowie oben in der Luft das zweite Traumbild, den Leoparden, wie er gegen einen vorgehaltenen Schild anspringt. Die Wiedergabe der schlafenden Figur ist dem Zeichner besonders gut gelungen. Die linke Hand ist an die Wange gelegt, die rechte ruht schlaff auf der Decke, während das linke Bein ein wenig emporgezogen erscheint, und der rechte Fuss nackt unter der Decke hervorschaut. Es liegt hier wieder ein Fall verständnissvollster Naturbeobachtung vor, und der böse Inhalt des Traumes ist durch die der Wirklichkeit abgelauschten Züge in der unruhigen Lage des Schlafenden trefflich ausgedrückt. Sehr steif und hölzern wirken dagegen die Figuren der um's Bett postirten Leibwache. Auch die Thiere sind schematisch gezeichnet. Von besonderer Wichtigkeit ist unsere Darstellung insofern, als das zweite Gesicht Karl's des Grossen in allen vorhandenen Mss. des Rolandliedes nicht enthalten, sondern nur aus der jüngeren Bearbeitung der Dichtung durch den Stricker bekannt ist. Die Lücke in unserer Handschrift umfasst nach Bartsch's Annahme etwa zwei Blätter.

14) Fol. 43ᵇ. Kaiser Karl sitzt im Profile nach rechts gewendet — bisher wie der thronende Christus stets in Vorderansicht — auf dem Throne; vor ihm Roland, dem er den Oberbefehl anvertraut, mit der Fahne (V. 3181) in der Rechten, den Durendarte in der Linken; hinter dem Kaiser der nie fehlende Schwertträger.

15) Fol. 47ᵃ. Bischof Turpin reicht den christlichen Streitern, welche mit betend erhobenen Händen, der vorderste halb knieend, vor ihm stehen, den Leib des Herrn. Wie bei vielen Bildern ist auch hier der untere Theil der Figuren nicht mit zur Darstellung gelangt.

16) Fol. 49ᵇ. König Marsilie reitet seinem Bundesgenossen, dem König Cursabile, entgegen (V. 3625). Beide erheben die Hand und beschwören das Bündniss. Die Figuren sitzen gut im Sattel, besonders Cursabile, welcher den Oberkörper nach dem Beschauer umwendet; dagegen lässt die Zeichnung der Rosse fast Alles zu wünschen übrig.

17) Fol. 52ᵃ. König Cernubiles (durch Beischrift bezeichnet) steht mit einer Fahne, dem Zeichen des Oberbefehls, in der Rechten vor Marsilie, welcher nicht ohne Würde und mit einer gewissen Entschlossenheit auf dem Throne sitzend dargestellt ist.

Eine Charakterisirung des furchtbaren Mohrenkönigs ist nicht versucht worden; er sieht ganz aus wie Roland auf dem 14. Bilde in derselben Situation.

18) Fol. 53ᵇ. Bischof Turpin segnet die zurückgebliebenen Helden (V. 3937).

19) Fol. 57ᵇ. Bestürmung eines Thurmes, von dem herab ein Einzelner sich gegen eine andringende Reiterschaar vertheidigt. Wahrscheinlich bezieht sich die Darstellung auf den Sturz des bete hûs Mahmets (V. 4169 f.), da der Vers: din hûs wil ich prechen unmittelbar darüber steht. Der Mangel an Proportionirung, die schlechten Formen der Pferde und die steife Haltung der Kämpfenden machen dies Bild zu einem der unerfreulichsten der ganzen Folge.

20) Fol. 61ᵇ. Der vom Himmel gesandte Thau fällt in Gestalt von züngelnden Flammen auf die christlichen Streiter hernieder, welche den Kopf emporrichten, um das erquickende Nass einzuschlürfen. Vorn links drückt einer die Wunde der einen Hand mit der anderen Hand zu.

21) Fol. 63ᵃ. Schlachtscene (V. 4571 f.). Mit vorgelegten Speeren und Schilden reiten beide Theile, äusserlich nicht von einander unterschieden, auf einander los.

22) Fol. 66ᵇ. Die Sieger reiten über die Leichen der Erschlagenen hinweg. Das Bild steht innerhalb der Verse, welche die Thaten des Helden Engelier melden, und lässt sich schwer mit einer bestimmten Textstelle in Beziehung bringen. Möglich, dass Held Hatte mit seiner Schaar V. 4851 f.) dargestellt ist.

23) Fol. 71ᵇ. Nochmals dieselbe Darstellung mit geringen Abweichungen; vielleicht bezieht sich dieselbe diesmal auf das ausführlich geschilderte Ausreiten des neu gesammelten Heidenheeres (V. 5236 f.).

24) Fol. 74ᵇ (Abbild. 3 auf Taf. 10). Held Turpin streitet in voller Rüstung wider die Feinde; vor und hinter ihm stürzende Heiden. Die Verse 5408—5411, worin berichtet wird, dass kein Stahlhut, noch Eisengewand so fest gewesen, dass Turpin sie nicht zerhauen, illustrirt der Zeichner durch klaffende Spalte an den Helmen und Rüstungen der Feinde aufs Augenscheinlichste*). Die Reiterfigur des streitbaren Bischofs gehört zu den besten Leistungen des Zeichners. Die Haltung ist eine ungezwungene und voll Kraft in der Bewegung. Unwillkürlich wird man an ähnliche Darstellungen auf den Reiter-Siegeln der Fürsten im XII. und XIII. Jahrhundert erinnert.

25) Fol. 76ᵇ. Olivier erschlägt Justinen; beide Helden sind zu Pferde. Der fürchterliche Schlag, der nach Vers 5583 den Heiden in zwei Stücke spaltete, ist, um denselben dem Beschauer deutlich zu machen, von der Seite geführt, so dass die Ohren statt der Nase halbirt erscheinen. Der nächste Hieb, zu dem Held Olivier ausholt, würde rechtwinkelig dazu geführt, den Kopf in vier Theile spalten. Die Gemüthsruhe, mit welcher der Gegner diese Procedur über sich ergehen lässt, zeigt das Unvermögen des

*) W. Grimm hat diese Scene gleichfalls nicht richtig erkannt, da er an Olivier oder Roland denkt.

Zeichners solchen Vorwürfen gegenüber. Beide Figuren sind zum Ueberfluss mit Namen bezeichnet.

26) Fol. 80ᵇ. Die Heiden lassen zu Beginn der Erneuerung des Kampfes die Hörner ertönen (V. 5856).

27) Fol. 84ᵃ. Kaiser Karl, mit bekümmerter Miene auf dem Throne sitzend; er hat den Hornruf des verlassenen Helden Roland vernommen und legt, Unglück ahnend, die Hand an den Kopf*). Die vor ihm stehende unbewaffnete Gestalt mit dem Horne in der Linken und mit mahnend erhobener Rechten stellt unseres Erachtens Roland im Sinne einer Vision dar. Hinter dem Throne Herzog Naimes, welcher sich dem Kaiser mit Trostworten nähert, daneben Genelun in einer vorschreitenden Bewegung, absichtlich hässlich dargestellt mit grosser Nase und struppigem Haarwuchs. Der Umstand, dass der Zeichner Nichts gethan hat, um die Figur des Roland als Erscheinung zu kennzeichnen, kann unsere Deutung dieser Scene nicht erschüttern; sehen wir denselben doch leichteren Aufgaben ebenso rathlos gegenüberstehen **).

28) Fol. 85ᵇ (Abbild. 4 auf Taf. 10). Bischof Turpin belobt Roland wegen seiner klugen Rede (V. 6185 f.) und segnet ihn. Der Zeichner hat offenbar vergessen, dass er den streitbaren Bischof vor Kurzem erst in voller Waffenrüstung, wie es der Situation entspricht, dargestellt hat, und zeichnet denselben hier, ebenso wie auf dem Bilde, wo er unter den Hieben der Heiden zusammenbricht, in priesterlicher Kleidung. Roland hält hoch zu Ross mit Schild und Schwert.

29) Fol. 89ᵃ. Roland zu Pferde, sich nach rückwärts umdrehend, geleitet den todtwunden Olivier, indem er das Ross desselben am Zügel führt, aus dem Kampfe. (V. 6429.) Der Kopf des Sterbenden ruht auf dem Schildrande, eine Speerspitze ragt aus der linken Seite hervor. Die Scene ist einfach, verständlich und natürlich wiedergegeben.

30) Fol. 91ᵇ. Niederlage Bischof Turpin's (V. 6607). Die Heiden stechen mit ihren Speeren auf den vornüber zu Boden Gestürzten los. Der gute Erkunde trägt, wie erwähnt, bischöfliche Kleidung, trotzdem im Text kurz zuvor erwähnt ist, dass ihm der Helm durchhauen worden. Der Zeichner zog vielleicht absichtlich vor, einen wehrlosen Priester der Wuth der Heiden erliegend darzustellen.

31) Fol. 93ᵇ. Roland schlägt den Heiden, welcher ihm im Schlaf Schwert und Horn rauben wollte, mit Olivant vor den Kopf (V. 6795 f.). Vergeblich hat der Zeichner versucht, das plötzliche Aufrichten des Helden zur Darstellung zu bringen; die geknickten Beine wirken fast komisch. Das vorsichtige Heranschleichen des Heiden ist dagegen gut

---

*) s. d. W. Grimm a. a. O. Einl. S. 29. Mit ganz ähnlicher Handbewegung ist Heinrich II., dem Gottesurtheil Kunigundens zuschauend, auf der Federzeichnung einer Bamberger Handschrift aus dem Anfange des XIII. s. dargestellt. Abbild. bei Jagitschek a. a. O. S. 121.

**) Auch hier weicht unsere Erklärung von der W. Grimm's ab, der in der linksseitigen Figur Genelun mit einer Art Keule in der Hand erblicken will.

wiedergegeben. Die Bäume, unter denen sich Roland zur Ruhe niedergelassen (V. 6773), sind in primitivster Weise durch langgezogene Rechtecke, ohne jede Andeutung von Aesten oder Laub dargestellt. Das schiefliegende Rechteck links muss als der Felsen gedeutet werden, auf dem Roland ruht. Dass der Zeichner auf eine einigermassen erkennbare Wiedergabe der Scenerie verzichtet hat, ist wohl auf Kosten der Flüchtigkeit des Ganzen zu rechnen; ist es demselben doch auf fol. 26ᵃ gelungen, eine wenn auch nur recht schematische und stylisirte Andeutung eines Oelbaumes zu geben.

32) Fol. 98ᵃ. Der Engel erscheint dem Kaiser und befiehlt ihm, den Tod Roland's zu rächen (V. 7000 f.). Der Kaiser in voller Rüstung ist dargestellt wie im Begriff, vor der überirdischen Erscheinung mit vorgestreckten Händen, kopfüber zu Boden zu stürzen. Der Engel mit Heiligenschein und grossen Flügeln steht demselben gegenüber und hält in der Linken ein Lilienscepter, während die Rechte mahnend erhoben ist. Diese Figur ist dem Zeichner besonders gelungen und beweist, dass demselben das religiöse Stoffgebiet näher lag und geläufiger war, als die Schilderung von Streit und Kampf. In derselben Weise: als Jünglinge mit Flügeln und in antikem Costüm erscheinen auch die Engel in den gleichzeitigen Handschriften des Hortus der Herrad und des Werther von Tegernsee in Berlin. — Das Bild steht nicht an richtiger Stelle.

33) Fol. 100ᵃ. König Paligan von Persien mit seinen Gefährten im Schiff den Ebro hinunterfahrend (V. 7170). Ueber den Rand des vorn und hinten gleich geschweiften Fahrzeuges sieht man eine Anzahl Krieger in voller Rüstung herausragen. Das Steuer führt ein Alter in Kapuze. Der von Stricken gehaltene Mast trägt ein geblähtes Segel, dessen Nähte ebenso deutlich angegeben sind, wie die Rollenschlitze am oberen Mastende. Wellen sind nicht angedeutet. Im Ganzen haben wir einen recht missglückten Versuch der Wiedergabe eines Vorganges, zu welchem die Vorstellungskraft des Zeichners bei Weitem nicht ausreichte, vor uns.

34) Fol. 102ᵃ. Versammlung der heidnischen Könige (V. 7361). Dieselben stehen, acht an der Zahl und sämmtlich mit Kronen geschmückt, im Gespräch nebeneinander; die beiden vordersten, Paligan und Genelue, durch etwas reichere Kleidung ausgezeichnet, reichen sich die Hände. Eine Individualisirung der fremdländischen Fürsten ist nicht versucht; höchstens, dass der Zeichner sich bemüht hat, einige Abwechselung in die Darstellung der Kronen zu bringen.

35) Fol. 108ᵇ. Kaiser Karl betet um den Sieg. Man erblickt den Helden, gerade wie bei der Erscheinung des Engels, vornübergebeugt und mit vorgestreckten Händen horizontal in der Luft schwebend, während beiderseitig eine Anzahl Krieger als theilnahmlose Zuschauer danebenstehen.

36) Fol. 109ᵇ. König Paligan auf einem Faltstuhl sitzend, den Schwertträger hinter sich, empfängt den syrischen Boten (V. 7947), der von Karl's Anmarsch berichtet.

Rechts neben Letzterem zwei Räthe oder Begleiter, von denen der vordere mit über-
geschlagenen Händen, wie auf dem 2. und 7. Bilde, dasteht.

37) Fol. 114ᵇ. Kaiser Karl tödtet Paligänen; die beiden Kämpfer sind zu Fuss
(V. 8443), dahinter das Gefolge zu Pferde, gleichfalls im Kampf begriffen. König Pa-
ligän erscheint in die Kniee gesunken, sein Haupt rollt rücklings zu Boden (vergl. dagegen V. 8558 f.). Die Gestalt des zu neuem Hiebe ausholenden Kaisers ist in vor-
schreitender Stellung und nicht ohne Leben dargestellt. — Das Bild befindet sich an
falscher Stelle.

38) Fol. 117ᵃ. Königin Brehmundä öffnet dem Sieger die Thore von Saraguz:
der Kaiser und sein Gefolge zu Pferde, steif wie aus Holz geschnitten, die Königin,
gefolgt von einer Begleiterin, mit vorgebengtem Oberkörper und flehend vorgestreckten
Armen. Die Thür in der Mauer, über deren Zinnen einige Gesichter hervorschauen,
ist geöffnet.

39) Fol. 119ᵃ. Karl's Gericht über den Verräther, welcher mit gebundenen
Händen und gefolgt von drei Helden inmitten des Bildes erscheint. Der Kaiser mit dem
Schwertträger neben sich, sitzt auf dem Throne und fasst zornentbrannt in den langen
Bart (vergl. oben S. 58), während sich sein Blick fest auf Genelûn richtet. — Mit der
Aussicht auf die Bestrafung des Urhebers all' des Unheils endet die Bilderreihe unserer
Handschrift.

Was zunächst die Auswahl der geschilderten Scenen betrifft, so ist dieselbe,
gleichviel ob sie vom Schreiber oder Zeichner, oder von beiden in einer Person herrührt,
im Ganzen als eine geschickte zu bezeichnen. Zwar sind einzelne dankbare Vorwürfe
zu Gunsten unwichtiger Vorgänge unberücksichtigt geblieben, und vermissen wir besonders eine Darstellung vom Ausgange des Haupthelden, doch sind im Uebrigen die Hauptmomente wenigstens gebührend hervorgehoben. In weiser Mässigung ist die Wiedergabe
der im Text sich allzusehr häufenden Schlachtscenen beschränkt, und durch Einstreuen
friedlicher Vorgänge für Abwechslung gesorgt. Die Mischung des Religiösen und
Kriegerischen, welche die Bearbeitung des altfranzösischen Heldenliedes durch den Pfaffen
Conrad charakterisirt, spiegelt sich somit in den Bildern wieder, und es ist nicht zu unterscheiden, nach welcher Seite hin die Neigung des Zeichners gravitirt. Seine Auffassung ist
durchaus eine realistisch naive, gleich entfernt von künstlicher Effekthascherei, wie von
tieferem Eingehen in den Gegenstand. Die Dinge sind rein äusserlich mittelst weniger
Striche angedeutet, und das Weitere wird der Phantasie überlassen. Eine Individualisirung
der einzelnen Personen, sowie eine Charakterisirung der Lokalität ist an wenigen Stellen
versucht, in den meisten Fällen aber ganz unterlassen worden. Karl den Grossen sehen
wir in Folge dessen bald mit langem, bald mit kurzem Barte dargestellt, ebenso Genelûn in
dieser Beziehung dreimal verschiedentlich behandelt. König Marsilie und die Heiden er-

scheinen in denselben Gewändern und Rüstungen, wie Karl und seine christlichen Streiter, und eine Berathung im fränkischen Lager sieht genau aus, wie ein heidnischer Kriegsrath. Aus diesem Grunde sind die meisten Scenen nur bei genauer Kenntniss des Textes, besonders wenn sie noch dazu an falscher Stelle in denselben eingefügt sind, völlig verständlich, wiewohl der allgemeine Vorgang an und für sich in Folge einer gewissen Frische und Natürlichkeit der Auffassung in den weitaus meisten Fällen klar vor Augen tritt.

Bei der vorhergehenden Beschreibung der Bilder sind wiederholt einzelne Züge hervorgehoben, welche eine unmittelbare Beobachtung der Wirklichkeit voraussetzen und erkennen lassen, dass der Zeichner nicht in den ausgetretenen Gleisen der alten Kopisten wandelte, sondern selbstständig empfunden und erfunden hat. Da ihm die Grenzen seines Könnens dabei wohl bekannt sind, vermeidet er besonders schwierige Gruppirungen und Verkürzungen, sowie lebhafte Actionen nach Möglichkeit. Was aber dadurch seinen Bildern an Leben und Anschaulichkeit verloren geht, wird durch möglichste Correctheit in der Zeichnung der Figuren und durch Klarheit in der Disposition zu ersetzen gesucht. So fehlen jene verzerrten Glieder und verrenkten Körperstellungen ganz, die bereits in karolingischer Zeit auftauchen und in den handwerksmässigen Illustrationen des XIII. und XIV. Jahrhunderts eine sehr unglückliche Rolle spielen; die Bewegungen sind oft zu ruhig im Verhältniss zur Situation, aber meist natürlich und richtig gezeichnet. Besondere Sorgfalt ist auf den Gesichtsausdruck, über den man freilich nicht nach den Grimm'schen Reproduktionen urtheilen darf, verwendet. Es ist erstaunlich, welche Feinheiten hier zuweilen zu Tage treten, und mit wie einfachen Mitteln der Zeichner seinen Zweck erreicht hat.

Neben dem Figürlichen ist alles Andere flüchtig und nebensächlich behandelt. Dies tritt besonders in der Wiedergabe der Pferdeformen und des leblosen Beiwerks zu Tage. Erstere sind ohne jede Andeutung des Körperlichen, einfach in den Umrissen, nach einem bestimmten Schema entworfen und entbehren der Proportionirung sowohl in den einzelnen Theilen, als auch in Bezug auf den Reiter. Hier und da ist ein Pferdekopf gut gezeichnet, auch die Beinbewegung richtig wiedergegeben, im Allgemeinen fühlt man aber, dass der Zeichner diese Dinge vernachlässigt hat; ein Gleiches ist der Fall mit den Architekturformen und der Landschaft. Von Proportion oder Perspektive ist keine Spur; die reitenden Belagerer und der von der Mauer herab sich Vertheidigende haben eine Kopfhöhe, ebenso wie die stehenden und sitzenden Figuren. Reliefartig tritt Eins zum Andern, ohne dass dabei jedoch in alter Weise von dem Auskunftsmittel, Alles, was nicht hintereinander Platz hat, übereinander zu gruppiren, Gebrauch gemacht worden ist*). Die Architekturformen sind die des romanischen Stils, aber in den Profilen meist unver-

---

*) So z. B. noch in dem Meisterwerke dieser Zeit, dem Hortus deliciarum der Herrad von Landsberg.

standen und unrichtig gezeichnet. Die Wiedergabe des Oelbaumes auf dem 10. Bilde unterscheidet sich in keiner Beziehung von der hergebrachten schematischen Darstellungsweise*): oberhalb des sich stark verjüngenden Stammes erscheinen in kreisförmiger Anordnung eine Anzahl stilisirter Blätter in Lilienform, um welche ein dicker Strich als Abschluss herumgeführt ist; auf dem 31. Bilde erscheinen sogar nur die nackten Stämme.

In dieser Beziehung sehen wir also den Zeichner noch auf einer ganz kindlichen Stufe. Auffallend gut ist dagegen das Faltenwerk behandelt. Dasselbe gelangt zwar nur bei den langen Oberkleidern und Mänteln zur Andeutung — die kriegerische Kleidung und Ausrüstung der Streiter ist allein durch Umrisstriche angegeben —, die Hauptlinien der Falten sind dort aber meist richtig angeordnet, die Brüche natürlich und nur hier und da zu sehr gehäuft. Man hat den Eindruck, dass die Faltenstriche ohne viel Ueberlegen, frei aus dem Kopfe ausgeführt sind. Eine bestimmte Manier macht sich in der Behandlungsweise des Faltenwerkes nur bei sitzenden Personen bemerkbar, indem das Gewand dort stets so gezeichnet ist, dass es in weitem Bausch vorn über den Gürtel herüberhängt und durch die Rundung der Falten an dieser Stelle den Eindruck einer ungewöhnlichen Beleibtheit hervorruft.

Die Kleidung der Vornehmen besteht, der Mode des XII. Jahrhunderts entsprechend, in der langen, mit engen Aermeln versehenen dalmatinischen Tunika, welche um die Hüfte gegürtet ist. Bei den reitenden Figuren erscheint dies lange Gewand an der vorderen und hinteren Seite aufgeschlitzt, oder an dessen Stelle ein kürzerer, bis zu den Knien reichender Rock. Ein einziges Mal ist auch Kaiser Karl in dieser kurzen, altfränkischen Tunika dargestellt. Hier und da tritt eine Verzierung durch breite, mit Steinen besetzte Saumstreifen daran auf. Der Mantel, den die Fürsten immer, die Begleiter nur zuweilen tragen, wird meist an der rechten Achsel, seltener vor der Brust, durch eine Spange zusammengehalten. Durchweg in kurzer Tunika erscheinen die Heiden, soweit dieselben nicht zu den Vornehmen zählen (z. B. auf dem ersten Bilde bei der Taufe), nur auf dem vierten Bilde ausnahmsweise auch ein Theil der vornehmen heidnischen Gesandtschaft. Die Tracht der Beine ist, wo überhaupt dieser Körpertheil zur Darstellung gelangt ist, nicht näher zu erkennen; im Allgemeinen sind auf eng anliegende Beinkleider hinweisende Umrisse angegeben; hier und da erscheint ein Sporn am Hacken befestigt. Die Kronen Karl's und der heidnischen Könige sind theils rund, theils vieleckig, theils ringsum mit Steinen besetzt, theils ohne jede Verzierung gezeichnet. Die Kopfrundung tritt nur selten darüber hervor. Ausser der phrygischen Mütze auf Bild 4,

---

*) Auf unseren Bildercyklus passen die Worte besonders gut, mit welchen H. Janitschek (a. a. O. S. 196) das Naturalismus dieser Periode kennzeichnet: „Die Entdeckung der äusseren Natur in ihrer Fülle von Besonderheiten durch das leibliche Auge war erst der dem Mittelalter folgenden Periode vorbehalten, aber die Entdeckung der Natur der Seele und der Fülle von Stimmungen und Regungen nahm für die Malerei schon jetzt ihren Anfang".

8 und 10 und der Kapuze auf Bild 8 und 33 kommt keine Kopfbedeckung bei den nicht als Krieger gekleideten Figuren vor, da dieselben stets baarhäuptig erscheinen, sei es im Rathe, sei es auf der Reise; nur der Fürst hat das Haupt mit der Krone bedeckt. Bischof Turpin's Ornat besteht in Dalmatika, Pluviale und Mitra; auf dem 28. Bilde kommt noch ein Pallium oder Omophorium hinzu. Der Bischofsstab zeigt oberhalb des Knopfes einen einfachen Bogenhaken, unten eine lange eiserne Spitze.

Die Bewaffneten sehen durchweg gleich aus, Heiden und Christen, Herren und Knechte; nur die Könige sind meist durch einen um den Helm gelegten Kronreifen ausgezeichnet. Der Eisenhut hat die gewöhnliche runde Form mit Nasenschiene; unterhalb desselben verhüllt die geflochtene Eisenhaube den Kopf soweit, dass nur die Augen heraussehen. Ausnahmsweise erscheint die Eisenhaube auch unter das Kinn herabgezogen, so bei den das Abendmahl nehmenden Christen (Bild 15) und den blasenden Heiden (Bild 26). Auf Bild 31 kommt einmal auch eine spitze Form des Sturmhutes vor. Der geflochtene Halsberg schliesst sich direkt an die Kopfhaube an und ist in vielen Fällen nicht einmal durch einen Strich in der Zeichnung von der ersteren getrennt. Derselbe reicht bis zu den Knieen und wird um die Hüfte von einem Ledergurte umspannt, an welchem das breite, kurze Schwert hängt. Ringe sind weder bei der Haube noch beim Halsberg angedeutet, und wenn die Ausrüstung der damaligen Zeit nicht aus anderen Handschriften, z. B. aus dem bei der Strassburger Belagerung verbrannten und oben bereits mehrfach erwähnten Codex des Hortus deliciarum der Herrad von Landsperg genau bekannt wäre, aus unseren Bildern würde nicht viel zu ersehen sein. Die grossen Schilde gehen nach unten spitz zu und legen sich mit ihrer Biegung zuweilen um die halbe Figur herum. Die Schildriemen sind nur selten vergessen. Auffallend ungeschickt sind die Speere, Fahnen und Hörner gezeichnet. Man meint, der Zeichner habe derlei Dinge nie gesehen, und doch geht aus Allem hervor, dass derselbe mit den Einzelheiten der kriegerischen Rüstung wohl vertraut war. Weibliche Tracht kommt nur auf dem vorletzten Bilde vor; man erkennt dort ein faltiges Obergewand mit lang herabwallenden Aermeln.

Die Ausrüstung der Pferde zeigt ein einfaches Kopfstück mit geschweiftem Gebiss. Die Zügel sind merkwürdig oft weggelassen, resp. vergessen. Unter dem mit hohen Vorder- und Hintertheil versehenen Sattel hängt in der Regel eine grosse Zierdecke herab, deren unterer Theil durch Besatz und Ausschnitte geschmückt ist.

Ob wir es bei unseren Bildern mit einem berufsmässigen Künstler zu thun haben oder mit einem der Dilettanten, denen Schnaase eine nicht geringe Thätigkeit in dieser Periode zuschreiben zu müssen glaubt, ist für unsere Betrachtung ohne Bedeutung und dürfte überhaupt schwer zu entscheiden sein. Bei den Illustrationen des Hortus der Herrad tritt das Dilettantenhafte in der Anfertigung deutlich zu Tage. Nicht nur, dass dort in echt dilettantenhafter Weise besonderer Werth auf die Wiedergabe der Details an Kleidern, Waffen, Möbeln u. s. w. gelegt ist, auch die Stilungleichheit innerhalb des bunt zusammengewürfelten Bilderschmuckes, welche hauptsächlich auf den Einfluss verschiedenartiger älterer Vorbilder zurückzuführen ist, muss als in dieser Richtung bezeichnend angesehen werden. Von alledem ist in unserer Handschrift nichts zu spüren. Die Bilder sind in den Hauptlinien flott und, trotz alles Fehlerhaften, von einer geübten, sicheren Hand in einheitlicher Weise entworfen. Dieselben beanspruchen dabei keine selbständige Bedeutung, wie die Illustrationen der ehemaligen Strassburger Handschrift und stehen diesen in Bezug auf Ausführung und Erfindung entschieden nach. Ein grundsätzlicher Unterschied zwischen beiden Handschriften tritt schliesslich darin zu Tage, dass im Rolandsliede vollständig von Färbung abgesehen ist, während im Herrad-Codex mit den verschiedenartigsten Colorirungsarten von der leichten Lavirung an bis zum kräftigen Gouache herumprobirt wird. Die Illustrationen unseres Ms.'s tauchen ohne begrenzende Umrahmung aus der Fluth der Buchstaben hervor, auch hierin dem Charakter der Skizze treu bleibend[*]).

Die ältere Handschrift des Gedichtes, welche beim Brande der Strassburger Bibliothek gleichfalls verloren ging und neben der unserigen, sowie einigen zerstreuten Fragmenten die Hauptquelle bildete, war gleichfalls mit Illustrationen, von denen zwei Proben in Schilter's Thesaurus antiqu. Teut. (Ulm 1727, P. II) erhalten sind, geschmückt. Dieselben entsprechen im Gegenstande unseren Bildern 4 und 6; möglich aber auch, dass auf dem zweiten Bilde die Scene dargestellt ist, wie Bischof Johannes dem Kaiser das Ergebniss der Berathung (V. 1276 f.) verkündet. Eine Verwandtschaft zwischen den Illustrationen beider Handschriften ist, nach diesen Proben zu urtheilen, unverkennbar vorhanden. Die Wiedergabe des thronenden Kaisers mit dem Schwertträger neben sich im Strassburger Codex findet nämlich ihr Gegenstück auf dem 36. Bilde unserer Handschrift, wo sogar derselbe Faltsessel mit Thierköpfen und Tatzen dargestellt ist. Das zweite Strassburger Bild erinnert lebhaft an unsere Bilder 6 und 7; auch die langen Zwickelbärte und das Lilienscepter kommen übereinstimmend in beiden Mss. vor. Es ist höchst bedauerlich, dass sich wegen Mangels weiterer Nachbildungen aus der Strassburger Handschrift diese Vergleichungen nicht weiter ausdehnen lassen. Vielleicht hätte sich das Resultat ergeben, dass nicht nur im Texte, sondern auch in den Bildern beide Handschriften aus derselben Quelle geschöpft haben. Dennoch darf andererseits nicht verschwiegen werden, dass neben den erwähnten Aehnlichkeiten nicht merkliche Abweichungen, besonders in dem Faltenwerk, in der Gesichtsbildung und in den Bewegungen zu Tage treten. Der Faltenstuhl mit den Thiermotiven sowie das Lilienscepter finden sich ausserdem so häufig in den Malereien des XII. Jahrhunderts, dass zwingende Argumente hieraus in keiner Weise zu entnehmen sind. Die angeregte Frage wird somit wohl für immer

---

*) Eine eingehende Charakteristik des Werkes der Herrad giebt Janitschek a. a. O. S. 109 f.; das ausführliche Literaturangabe, sowie daselbst auch Nachrichten über die vorhandenen Nachbildungen, von denen uns nur die in ihrer Saltreue sehr verdächtigen Engelhard'schen Zeichnungen zu Gebote standen. Eine eingehendere Stilvergleichung mit unserer Handschrift erschien aus diesem Grunde von zweifelhaftem Werthe.

aus dem oben angeführten Grunde offen bleiben *). Den Strassburger Bildern schadet der grosse Maasstab; dieselben sehen deshalb unbeholfen und neben unseren skizzenhaften, kleinen Illustrationen unfertig aus. Die Gesichter sind roh gezeichnet und aus den langen Knebelbärten wurstartige Schläuche geworden; dabei sind die Bewegungen ungeschickt und erscheint die Stellung des Bischofs z. B. so unklar, dass man nicht weiss, ob derselbe stehend oder sitzend dargestellt ist. Der Faltenwurf lässt, ebenso wie bei den aus derselben Zeit stammenden Gemälden der Unterkirche zu Schwarzrheindorf, die Körperformen durch die Gewandung hindurchschimmern und enthält manches Schematische. In allen diesen Dingen erweist sich der Zeichner unserer Handschrift als der weitaus Geschicktere. Ein Einfluss der Strassburger oder unserer Illustrationen auf den Bilderkreis in den Handschriften der späteren Bearbeitung des Rolandliedes durch den Stricker im XIII. Jahrhundert ist nicht nachzuweisen**).

Aber nicht nur für das Studium der Tracht, und als einziges erhaltenes Exemplar einer vollständigen Bilderreihe zum älteren Rolandsliede des Pfaffen Konrad, ist unser Bildercyklus von hervorragendem Interesse, seine kunstgeschichtliche Bedeutung beruht ausserdem darin, dass wir in ihm eines der ältesten Beispiele von den Anfängen der nationalen Stilentwickelung des XII. Jahrhunderts besitzen. Unsere unscheinbaren, kleinen Bilder fallen in den Beginn des durch die nationale Dichtung begonnenen und von den bildenden Künsten zuerst mittelst der Zeichenfeder aufgenommenen Kampfes gegen den Farben- und Formenlust einer an dem geistlosen Nachahmen auswärtiger und älter einheimischer Werke erstarrten Kunstrichtung. Vom Druck der Ueberlieferung, der auf den Darstellungen religiösen Inhaltes mit autoritativer Gewalt lastete, bei der Darstellung der häufiger auftauchenden, weltlichen Stoffe befreit und auf das Betreten eigener Bahnen angewiesen, versuchte sich die nationale Richtung in der deutschen Malerei des XII. Jahrhunderts zuerst mit Erfolg auf dem Gebiete der Bücher-Illustration.

Das oben genannte Werk der weisen Aebtissin von Hohenburg, das gewöhnlich an der Spitze dieser Bewegung genannt wird, zeigt durchaus noch das Uebergangsstadium in Zeichnung und Farbengebung. Die neue Melodie, welche dort noch am alten Texte krankt, ertönt frisch und frei zum ersten Male in Werken wie unserem Rolandsliede, den Berliner Handschriften des Liedes der Maget von Werinher von Tegernsee und der Eneït des Heinrich von Veldegke, den Münchener Handschriften des Tristan, der Theo-

*) Dass der Strassburger Zeichner nach einem älteren Vorbilde gearbeitet, wird dadurch wahrscheinlich, dass derselbe die Haltung des Bischofsstabes auf dem zweiten Bilde offenbar nicht richtig verstanden hat. Dieselbe wird im Originale der auf unseren Bildern 18 und 19 dargestellten Anordnung entsprochen haben. So, wie sie in der Strassburger Reproduktion erscheint, ist die Kreuzung von Stab und Hand in der Wirklichkeit ganz unmöglich.

**) Die drei Heidelberger Handschriften des Stricker enthalten keine Bilder; in dem Ms. der St. Gallener Stiftsbibl. A 8 (14) fol. ist die Zahl der Bilder leider durch Herausschneiden arg gelichtet; s. d. K. Bartsch's Ausgabe des Stricker, 1857. Einl. S. 37.

philus-Legende mit den 25 Bildern des Conrad von Scheyern und anderen Illustrationscyklen dieser Art mehr, welche sämmtlich in den Schluss dieses oder in die ersten Jahre
des XIII. Jahrhunderts fallen und zahlreiche Nachahmungen gefunden haben. Von
fremden Einflüssen ist nichts zu spüren, höchstens dass hier und da Einzelheiten an
Tracht und Schmuck die durch die Kreuzzüge vermittelte Bekanntschaft mit den Erzeugnissen des Orients erkennen lassen.

Dass unser Bildercyklus zu den ältesten dieser Art gehört, wird, abgesehen von
dem Charakter der Schrift, welcher unbedingt auf das XII. Jahrhundert hinweist, auch
dadurch sehr wahrscheinlich, dass im Gegensatz zu den oben erwähnten Handschriften
weder eine bunte Lavirung des Grundes oder der Figuren, noch die beliebte Abwechslung
von schwarzen und rothen Strichen in der Zeichnung vorgenommen worden ist. Der hinsichtlich der Illustrationen mit der Heidelberger Handschrift des Rolandsliedes nahe verwandte, mehrfach erwähnte Milstätter Codex in Klagenfurt*) weist neben schwarzen und
rothen sogar noch blaue Linien in der Zeichnung auf, eine Spielerei, die Ersatz bieten
sollte für die mangelnde Colorirung, und uns auch in unserem Codex des Scivias (s. unten
S. 105) wieder begegnen wird.

Ueber den Ursprungsort unserer Handschrift ist nichts Bestimmtes zu sagen.
Neuere Untersuchungen versetzen die Entstehung des Original-Ms.'s an den Hof Heinrich's
des Stolzen nach Regensburg und die Entstehungszeit mit Wahrscheinlichkeit in das Jahr
1131**). Dass unsere Handschrift auch aus dieser Gegend stammt, ist nicht wahrscheinlich, weil in den Vokalen und Consonanten, sowie auch in manchen Wortformen sich
eine starke Neigung zum Niederdeutschen kundgiebt***). Mit grösserer Wahrscheinlichkeit
ist daher der Ursprung unserer Handschrift in den hessischen oder thüringischen Landen
zu suchen.

Zierbuchstaben sind nicht zur Verwendung gelangt. Der Einband unserer Handschrift stammt aus dem Jahre 1558 und gehört zu denen, welche Ottheinrich laut einem
erhaltenen Vertrage aus Weinheim d. d. 2. März (Sonntag nach Reminiscere) 1560†) durch
den „Koller und Buchbinder Jorgem Bernhardin von Görlitz" hat anfertigen lassen.
Der Holzdeckel ist mit „welschem Kalbsleder" überzogen und mit gebuckelten Messing-

---

*) Im Besitze des Kärntner Geschichtsvereins. Die darin enthaltene poetische Bearbeitung der
Genesis und des Exodus ist von Jos. Diemer herausgegeben (Wien 1862), der dazwischen eingeschobene Physiologus
sowie die übrigen Gedichte von Th. G. von Karajan (Wien 1846), beide Ausgaben mit Abbildungen. Auch
G. Könnecke's Bilderatlas z. Gesch. d. deutschen Nationalliteratur (Marburg 1887) enthält einige Proben.

**) S. Edward Schröder: Die Heimath des deutschen Rolandsliedes in d. Zeitschr. f. deutsches
Alterth. Neue Folge, 15. Bd. 1. Heft 1883, S. 79 f.

***) S. K. Bartsch, Rolandslied Einl. S. 13.

†) Bisher unedirt. Findet sich im hiesigen Cod. Pal. Germ. 839 foll. 282—297. Ein Verzeichniss der dem genannten Buchbinder leihweise übergebenen Buchstempel, Wappen etc. findet sich in deme. Ms.
foll. 287—290. S. a. Wilken a. a. O. S. 123; Hautz, Gesch. d. Univ. Heidelberg II, S. 33; Wundt, De
bibl. Heidelb. p. 19; Mieg, Monum. pietatis, praef. pg. 3.

Ecken und Klausuren aus denselben Metall versehen. Auf dem vorderen Deckel befindet sich in Goldpressung das Brustbild Ottheinrich's in medaillonartiger Umrahmung mit den Buchstaben O H oben, und P C unten, darunter die Jahreszahl 1558. Die Rückseite enthält das kurpfälzische Wappen gleichfalls in Goldpressung. Ausserdem sind Vorder- und Rückseite über und über mit kleinen, blind eingestempelten Medaillons, welche häufig wiederkehrende Architektur- und Gruppenbilder enthalten, geschmückt. Wir werden ähnlichen Zeugnissen von der Fürsorge Ottheinrich's für die Bibliothek wiederholt begegnen und an einem besser erhaltenen Exemplare die Details der Verzierungsweise dieser Einbände eingehend besprechen.

Dem XII. Jahrhundert, und zwar der frühen Zeit desselben, gehören ferner zwei Calices an, welche aus dem Kloster Petershausen stammen und gleichzeitig mit unserem Sacramentar und den Salemer Handschriften im Jahre 1826 nach Heidelberg gelangt sind. Der erstere:

VI. Cod. Sal. IX. 42

enthält das Necrologium des Klosters: Necrologium sive liber mortuorum in quo omnium religiosorum non solum huius monasterii sed et aliorum confoederatorum sc. Oxenhusani, Ottenburani, Augustani, Ursinensis, Augine divitis et Creuzlingani item Benefactorum Fundatorum, Parentum, fratrum et Sororum Nomina inscribantur, wie der im Jahre 1702 geschriebene Titel lautet. Für unseren Zweck kommt ausser einer schlecht erhaltenen Initiale zu Anfang (Gold auf blauem Grunde, Ligatur von K u. I), nur die Zeichnung der durch das ganze Ms. gleichmässig hindurchgehenden Doppelbogen in Betracht, innerhalb deren die Aufzeichnungen, vom Anfang des XII. Jahrhunderts beginnend und gegen Ende des XVII. Jahrhunderts schliessend, erfolgt sind. Die Anordnung der Canones-Arkaden in den Evangeliarien hat offenbar zum Vorbilde gedient. Die beiden Halbkreisbogen jeder Seite ruhen wie gewöhnlich auf drei Säulen; in den Zwickeln erscheinen mancherlei menschliche Gestalten, Hausthiere, Fabelwesen, Blumen, Häuser u. dergl. mehr, Alles in buntem Durcheinander, mit einfachen Umrisslinien und in schönem Neunigton dargestellt. Die Basen und Kapitelle sind rein kalligraphisch behandelt und an die architektonischen Grundformen erinnert nur der ungefähre Umriss, Selten sind Thierfratzen beim Kapitell verwendet. Der Abakus ist meist in der Art eines wagerechten Buchstaben-Balkens gezeichnet, an welchem der mit kalligraphischem Blätter- und Rankenwerke verzierte Kelch mittelst Bänder und Nägel befestigt erscheint.

Der zweite Band:

VII. Cod. Sal. IX, 42a

setzt sich aus verschiedenen Handschriften zusammen*). Den Anfang machen Vorschriften und Gebete für die Festtage des Stifters und Schutzheiligen von Petershausen. Die Schrift weist auf das frühe XII. Jahrhundert hin, und enthält nur wenige einfarbige Initialen, welche im Stile mit denen des oben erwähnten Cod. Sal. IX, 57 vollkommen übereinstimmen, aber flüchtiger gezeichnet erscheinen. Für die einfacheren Zierbuchstaben scheint sich somit nach Reichenauer Vorbildern in Petershausen eine feste Regel, die in einem Zeitraum von mehr als hundert Jahren keine nennenswerthe Veränderung aufkommen liess, gebildet zu haben. Alles, was wir oben über die Initialen des älteren Codex gesagt haben, findet auch auf die des vorliegenden Anwendung; höchstens dass durch die Anbringung kleiner Schraffirungsstriche und Punkte versucht ist, den Ranken ein körperliches Ansehen zu geben, was als ein Fortschritt im naturalistischen Sinne zu bezeichnen ist.

Von fol. 20ª ab folgen die Flores Scae Mariae von einer Hand desselben Jahrhunderts geschrieben, mit einem Initial A zu Anfang, innerhalb dessen das Brustbild der Jungfrau sichtbar wird. Weiter unten auf derselben Seite ist die Himmelskönigin abermals in reich verziertem Costume der Zeit, mit Kopftuch und Krone, als Initial I dargestellt, und zwar in der Art, dass die langgestreckte Gestalt selbst den Buchstabenkörper bildet. In gleicher Weise erscheint die Himmelskönigin als Initial zu Beginn der Flores et fructus de novo testamento, welche sich (von fol. 27ᵇ ab) an die Flores Scae Mariae anschliessen. Nur ist hier der Nimbus weggelassen, — dass trotzdem Maria gemeint ist, beweist die Umschrift — und der Umriss der Figur ringsum mit bunten Blüthen umsäumt. Noch einmal begegnet uns die stehende menschliche Figur, als Buchstabe I verwendet, auf fol. 28ᵇ, woselbst Joseph, der Mann der Maria, als eine lange, hagere Jünglingsgestalt mit Judenhut auf dem Haupte, gleichfalls im Zeitcostüm zur Darstellung gelangt ist. Ausserdem findet sich in diesem Theile noch eine geringe Anzahl von Initialen, innerhalb welcher menschliche Gesichter eingezeichnet sind.

Die vorstehend angeführten figürlichen Darstellungen sind alle gleich behandelt und in kleinem Maassstabe, nicht ohne Geschick, in Mennig mit der Feder auf den Rand gezeichnet. Zur Erhöhung der Wirkung sind einzelne Theile der Gewandung leicht mit grünem und gelbem Tone lavirt. Die Verhältnisse sind auffallend schlank und nähern sich darin bereits dem Stile der gothischen Periode. Noch zu erwähnen ist, dass der Text der Flores am Rande von buntgefärbten kleinen Blüthen begleitet wird, welche, da sie nur geringe Abwechselung und Naturbeobachtung aufweisen, sehr eintönig wirken.

---

*) Ausführlich beschrieben von Bethmann im Archiv IX, pg. 585—587.

Mit fol. 35ᵃ beginnen die Casus Monasterii Petrishusensis*), gleichfalls von einer Hand des XII. Jahrhunderts geschrieben und mit einigen wenigen, vollkommen im Stile der Initialen des Cod. Sal. IX, 57 und der des vorletzten Theiles des vorliegenden Codex gehaltenen Zierbuchstaben. Unter diesen befinden sich die Hauptbeispiele auf foll. 35ᵃ und 40ᵃ. Gegen Schluss wird die Zeichnung flüchtiger, und tritt ein schmutziger, violetter Ton auf, der sich auch vielfach in den Rubriken unmittelbar neben dem Mennigton vorfindet. Eine Absicht scheint damit nicht verbunden gewesen zu sein; es macht vielmehr den Eindruck, als ob die rothe Farbe nicht ganz ausgereicht hätte und mit etwas schwarzer nachträglich vermischt worden wäre.

Ausserdem enthält dieser Theil des Codex auf fol. 64ᵇ eine kleine Zeichnung mit der Ueberschrift: Ipse Bernhardus describit formam Palatii, quod ostensum fuerat hoc modo**). Es handelt sich nämlich um eine skizzenhafte Andeutung von der himmlischen Lokalität, in welcher das auf den vorhergehenden Seiten der Handschrift erzählte Traumgesicht des Mönches Bernhardus (eximius doctor) spielt. Mit Hilfe einiger Striche und zahlreicher Einschriften werden die einzelnen Abtheilungen des Himmelspalastes theils im Aufriss, theils im Grundriss auf demselben Plane dargestellt; oben in der Mitte der Sitz des Richters, rechts daneben die Kammer der Gottlosen, und links daneben die „flamma comburens animas hominum", von wo aus der Strom der glühenden Sterne nach unten auf eine „scala", die vom Erdboden zum Himmel führt, herabstürzt. Eine Linie, quer durch das Bildchen in halber Höhe gezogen, zeigt die Stelle, wo die Patriarchen, Propheten und Apostel ihren Platz haben, darunter der brennende Ofen, darüber der Himmel, zu unterst die Erde; die entsprechende Stelle rechts von der Himmelsleiter ist mit rothen Wellenlinien (Flammen) erfüllt, aber nicht näher bezeichnet. Die Erzählung des mit einigen höchst naiven Zuthaten ausgestatteten Traumgesichts bietet eine verworrene Mischung von eschatologischen und apokalyptischen Vorstellungen, welche als eine Art Vorerscheinung des jüngsten Gerichtes zu bezeichnen ist. Es würde zu weit führen, diese unseres Wissens bisher noch nicht mit der Geschichte der Darstellungen des jüngsten Gerichtes in Zusammenhang gebrachte Vision an dieser Stelle einer weiteren Untersuchung nach der angedeuteten Richtung hin zu unterziehen. Ohne genaue Kenntniss vom Inhalte des Traumgesichtes ist unsere Skizze hauptsächlich in Folge des Ineinanderschmelzens von Aufriss und Grundriss überhaupt unverständlich, aber auch an der Hand des Textes ist nicht viel damit anzufangen. Die Zeichnung ist nicht etwa später beigefügt, sondern, um die Glaubwürdigkeit des Traumbildes zu erhöhen, vom Schreiber selbst nach Anleitung des Erzählers hinzugesetzt.

Mit fol. 97 schliesst dieser Theil der Handschrift; der Rest derselben mit dem Privilegium super Petrisusen und der Vita Gebehardi (beide von einer Hand des

---

*) Abgedruckt in den M. G. SS. 621 sq.

**) Facsimile in den Abbild. zum 3. Bande von Mone's Quellensammlung zur badischen Geschichte.

XVI. Jahrhunderts) sowie einer Vita Sei Gregorii aus dem XII. Jahrhundert hat für unsere Betrachtungen keinen Werth.

Dem XII. Jahrhundert entstammt ferner eine griechische Pergamenthandschrift,

VIII. Cod. Pal. Gr. 169,

welche sechs der Vitae parallelae des Plutarch enthält und mit sechs kleinen Initialen (auf foll. 1*, 17*b*, 36*c*, 64*a*, 89*b* und 148*b*) zu Beginn der sechs Lebensbeschreibungen[*]) versehen ist. Dieselben sind, mit Ausnahme der ersten, welche blassgelb gefärbt erscheint, in einem schmutzigen Purpurton mit der Feder gezeichnet und zeigen die unbehülflichen, eigenartigen Formen der byzantinischen Initialen. Der Körper des Buchstabens besteht aus einem beiderseitig in eine kleine Spitze oder Blume endigenden Stab, um welchen sich knotenartig kurze Rankenenden herumwinden, und aus welchem sich die in Gestalt von Ranken oder langgezogenen Blättern auftretenden Nebentheile des Buchstabens heraus entwickeln. Dabei schwankt die Ornamentik zwischen naturalistischen und stilisirten Formen phantasielos hin und her. Der Mangel an Geübtheit in derartiger kalligraphischer Ausstattung seitens des griechischen Schreibers tritt bei unseren Initialen ausserdem deutlich hervor. Auf der Rückseite eines vorgehefteten Papierblattes zu Beginn des Buches findet sich ein Kupferstichblatt[**]) folgenden Inhalts aufgeklebt:

Sum de Bibliotheca, quam Heidelberga

capta Spolium fecit, &

P. M.

Gregorio XV

trophaeum misit

Maximilianus Utrinsq; Bavariae Dux &c.

S. R. I. Archidapifer et Princeps Elector.

Hierunter erblickt nun das kurpfälzische Wappen mit dem herabhängenden goldenen Vlies und dem von zwei Engeln getragenen Kurhute darüber. Zu unterst steht die Jahreszahl: Anno Christi CIƆIƆCXXIII. Derartige Zettel[***]) finden sich mehrfach in den von Rom zurückerstatteten Palatinis und sind wohl ursprünglich in allen Handschriften, welche nach ihrer Ankunft in Rom mit neuen Einbänden versehen wurden[†]), angebracht worden. Der einfache kalbslederne Einband dieser Handschrift zeigt auf dem Rücken oben in Gold die Nummer 169, darüber das päpstliche Wappen Gregor's XV. (?), sowie unten ein Cardinalswappen, gleichfalls in Goldprägung.

[*]) Philopoimen — Flaminius, Pelopidas — Marcellus, Alexander — Caesar.

[**]) Plattengrösse: 115 × 190 mm.

[***]) Für die Mss. kleineren Formats sind etwas kleinere Zettel dieser Art (mit genau ders. Aufschrift, Jahreszahl und Wappen) verwendet. Plattengrösse: 84 × 124 mm.

[†]) Um das Packen und den Transport zu erleichtern, waren die Handschriften vor der Wegführung aus der Heiliggeistkirche sämmtlich der Einbände beraubt worden.

An der Grenze des XII. und XIII. Jahrhunderts steht eine Handschrift des

IX. Liber Scivias Sal. X, 16,

deren Bilderschmuck für uns von hohem Interesse ist. Der stattliche Foliobaud enthält die unter dem sonderbaren Titel Scivias (Sci i. e. cognosce, vias sc. domini) zusammengestellten Visionen der heiligen Hildegard von Böckelheim. Die Seherin selbst erzählt in der Vorrede, dass die Niederschrift ihrer Offenbarungen auf direkten göttlichen Befehl durch sie selbst im Jahre 1141 begonnen und innerhalb zehn Jahren vollendet worden sei. Die Heilige starb als Aebtissin des von ihr gegründeten Klosters Rupertsberg bei Bingen am 17. September des Jahres 1197[*]. Ob unsere Handschrift noch zu Lebzeiten der Verfasserin oder erst nach ihrem Tode geschrieben ist, lassen wir dahin gestellt. F. W. E. Roth in Darmstadt, welcher in dem ersten Hefte des Quartalblattes des histor. Vereins f. d. Grossh. Hessen, Jahrg. 1887, mit ausführlichen Beiträgen zur Bibliographie der heiligen Hildegard begonnen hat, ist der Meinung, dass das Heidelberger Ms. in der Mitte des XIII. Jahrhunderts auf dem Rupertsberg entstanden und eine Abschrift aus dem grossen Wiesbadener Codex (mit der Kette) sei, der selbst nicht vor 1200 entstanden sein könne. Dagegen versetzen ältere Angaben unser Ms. noch in das XII. Jahrhundert[**]. Ausser der in dem vorerwähnten Wiesbadener Codex enthaltenen Handschrift und dem wahrscheinlich für Schönau geschriebenen und von da unter die Palatini gelangten Codex der Vatikanischen Bibliothek (Palat. 311)[***], welche beide des Bilderschmuckes ermangeln, ist nur noch eine illustrirte Handschrift des Scivias neben der unseren erhalten, und zwar gleichfalls auf der Königlichen Landesbibliothek in Wiesbaden, der kleine Codex im Gegensatz zum ebendaselbst befindlichen grossen, welcher noch andere Werke Hildegard's enthält, genannt[†]. Eine andere, jetzt im Besitze der Hospitalbibliothek zu Cües a. d. Mosel befindliche, laut Schlussbemerkung im Jahre 1210 im Eucharinskloster zu Trier angefertigte Handschrift[††] enthält eingezogenen Nachrichten zufolge keine Bilder, sondern nur einige wenige, schlechte Initialen. Ueber eine sechste, zu Oxford befindliche Handschrift fehlen uns nähere Nachrichten[†††]. Auf die illuminirte

---

[*] Näheres über das Leben der Heiligen, die Entstehungsweise und den Inhalt des Scivias in Ph. Schmelzeis' Das Leben und Wirken der Heiligen Hildegardis, Freiburg i. B. 1879; ferner in A. v. d. Linde's Die Handschr. der Kgl. Landesbibl. in Wiesbaden, Wiesbaden 1877, sowie in der Einleitung zum 8. Bde. von Pitra's Anal. sacra, Rom 1882.

[**] So z. D. der von v. d. Linde a. a. O. S. 24 wiedergegebene diesseitige amtliche Bericht über unsere Handschrift, ferner der handschriftliche Katalog der Codd. Salemitani in Heidelberg, auch Pitra i. d. Anal. sacr. VIII, pg. XXI.

[***] S. Pitra l. c. pg. 503.

[†] S. v. d. Linde a. a. O. S. 22 f.

[††] Im Kraus'schen Verz. der Handschr. des Cardinals Nicolas von Cusa (Serapeum, XXVI. 1865 S. 37), s. No. 79, erwähnt.

[†††] S. Schmelzeis, a. a. O. S. 317, und v. d. Linde, a. a. O. S. 24. Pitra erwähnt nur die vorgenannten fünf Handschriften.

Wiesbadener Handschrift werden wir unten zurückkommen, nachdem wir den Bilderkreis unseres Codex betrachtet haben werden. Zunächst mögen einige Mittheilungen über die Einrichtung und äussere Erscheinung des letzteren folgen.

Der Codex besteht aus 200 Pergamentblättern in numerirten Quaternionen von 290×415 mm Grösse. Der Text beginnt auf fol. 3ª und ist in doppelten Columnen zu durchschnittlich 37 Zeilen, bei mittlerer Höhe der Columne von 290 mm geschrieben. Die Liniirung geht bei den obersten und einigen der untersten Horizontallinien quer über die ganze Seite weg, die übrigen Zeilenlinien halten sich innerhalb der die Columnen abtheilenden Vertikallinien, so dass der 20 mm breite Mittelraum davon frei bleibt. An der äusseren Seite der Columnen treten diese Vertikallinien doppelt, im Abstande von 10 mm, an der inneren Seite einfach auf. Die sehr tief eingegrabenen Zirkelpunkte, deren Abstand 8 mm beträgt, sind grösstentheils durch das Beschneiden in Wegfall gekommen. Das Pergament ist von sehr ungleicher Stärke, und weist viele gestopfte und ungestopfte Löcher auf.

Die nicht sehr sorgfältige Schrift, theils mit dickerer, theils mit zarterer Feder geschrieben, geht, von häufigen Correcturen und Zusätzen unterbrochen, gleichmässig durch bis an's Ende der Handschrift. Eine Eigenthümlichkeit der Schrift sind die wellenförmigen Biegungen der Hauptstriche beim p, h, l, f, d u. s. w. Andeutungen über den Schreiber, wie sie die grosse Wiesbadener Handschrift zu Ende einiger Pergamentlagen und die Grüser Handschrift in der Schlussnotiz aufweisen, enthält unsere Handschrift nicht.

Die kalligraphische Ausstattung besteht in einer Anzahl grosser farbiger Initialen, welche regelmässig zu Anfang der einzelnen Visionen angebracht sind, und unten einer zusammenhängenden Betrachtung unterzogen werden sollen. Daneben sind noch eine Fülle von kleineren, buntgefärbten Initialen, welche zur Hervorhebung der Capitelanfänge dienen, zu erwähnen.

Ein Bedürfnis nach Illustrationen scheint sich erst im Verlaufe des Schreibens geltend gemacht zu haben, resp. eine Anordnung nach dieser Richtung erst nachträglich ergangen zu sein[*], da der Bilderkreis eigentlich erst im 3. Theile beginnt. Die beiden

[*] Dieser Annahme scheint folgende Thatsache zu widersprechen. Durch das ganze Buch hindurch finden sich neben einzelnen Textstellen am Rande Häkchen angebracht, welche, wie aus dem mit Illustrationen versehenen 3. Theile hervorgeht, entweder den Zweck hatten, dem Zeichner die betreffenden Stellen als Vorwurf für die Illustrationen anzugeben, oder dem Beschauer das Auffinden der der Bild erklärenden Textstellen zu erleichtern. Da aber diese Häkchen in den beiden ersten Theilen, die von vornherein ohne jede Rücksicht auf etwaigen Bilderschmuck niedergeschrieben sind, gar keinen Sinn haben, so ist die Erklärung wohl die wahrscheinlichste, dass die Häkchen ebenso wie der Text aus einem mit Illustrationen in allen drei Theilen versehenen Codex abgeschrieben sind. Hiergegen liesse sich freilich anführen, dass die erste Vision des ersten Theiles, die sich verhältnissmässig gut zur Darstellung eignet und auch im Wiesbadener Scivias mit einem Bilde versehen ist, in unserer Handschrift als die einzige ohne diese Häkchen erscheint. Vielleicht beruht diese scheinbare Inconsequenz nur auf einer Flüchtigkeit des Schreibers, der erst allmählich auf diese Häkchen aufmerksam wurde.

ersten Bilder auf foll. 2ᵃ und 2ᵇ, welche in loser Weise an die ersten Visionen des ersten Buches anknüpfen, sind nämlich augenscheinlich später hinzugefügt, wie schon daraus hervorgeht, dass das betreffende Pergamentblatt nachträglich vor den ersten Quaternio vorgeheftet ist. Ebenso ist das Bild auf fol. 3ᵇ nachträglich entstanden. Vom Beginne des 3. Theiles ab findet sich erst in der Regel ein bestimmter Raum für die Illustrationen freigelassen, nicht selten aber müssen sich dieselben auch mit einem zufällig leer gebliebenen Flecke begnügen, woher es kommt, dass nicht nur einige Illustrationen an falscher Stelle stehen, sondern auch die ganze Anordnung und Vertheilung einen ziemlich willkürlichen Eindruck macht. Die Wiesbadener Handschrift unterscheidet sich hierin nicht unwesentlich von der unsrigen; dieselbe war von vornherein auf Bilderschmuck angelegt, und die Darstellungen finden sich mit ziemlicher Regelmässigkeit zu Beginn der einzelnen Visionen eingefügt *). Sämmtliche Illustrationen des Heidelberger Scivias rühren von einer Hand her und sind augenscheinlich gleich nach Vollendung des Textes entstanden.

Das erste Bild (auf fol. 2ᵃ) nimmt die ganze Seite ein, und trägt links oben innerhalb der beiden Randstriche die Aufschrift Inicium creature dei in kleinen, zierlichen Buchstaben. Dargestellt ist das Schöpfungswerk nebst den denselben vorangehenden und nachfolgenden Ereignissen (Abbild. auf Taf. 11). Man könnte geneigt sein, die Veranlassung zu dieser Darstellung in der 2. Vision des ersten Buches zu suchen, woselbst in verworrener Weise vom Urzustande im Himmelreiche, vom Sturz des Lucifer, vom Sündenfall und dessen Folgen die Rede ist; doch ist dort die Schöpfung gar nicht behandelt, und die übereinstimmenden Züge von Text und Bild sind überhaupt zu wenig charakteristisch, um einen direkten Zusammenhang annehmbar zu machen. Wir werden unten sehen, dass unsere Darstellung einem älteren Vorbilde entnommen und wahrscheinlich nur deshalb an dieser Stelle wiedergegeben ist, weil allerdings ein oberflächlicher Zusammenhang mit der zweiten Vision in einzelnen Theilen besteht. Aus diesem Grunde verzichten wir darauf, die Darstellung mit dem Texte zu vergleichen.

In der Mitte des Bildes erblicken wir innerhalb sechs kleiner Kreise die Vorgänge der sechs Schöpfungstage. Der erste Kreis trägt die Umschrift: Dies primus celum et terra et lux id est angeli. Der merkwürdige Zusatz id est angeli steht im Zusammenhange mit der von den ältesten Kirchenvätern herrührenden, im Mittelalter allgemein verbreiteten Annahme, dass die Schöpfung der Engel dem übrigen Schöpfungswerk vorangegangen ist, ebenso wie der Sturz Lucifer's dem Sündenfalle der ersten Menschen **). Dargestellt ist auf dunkelblauem Grunde eine ovale Scheibe, der Himmel, welcher ein

---

*) Zuweilen finden sich zwei Darstellungen zu Beginn der Visionen, aber nur ausnahmsweise kommen auch zwei innerhalb der vierten Vision des ersten Buches vor. Im Ganzen enthält die Handschrift 35 Bilder zu 26 Visionen.

**) S. F. Piper, Der christliche Bilderkreis, Berlin 1852, S. 53.

Kreisrund, die Erde, umschliesst. Eine Trennungslinie zwischen den beiden Hälften des Ovals würde das Bildchen in schräger Richtung durchschneiden. Das zweite Rund mit der Umschrift: dies sex, divisio aquarum zeigt in der Mitte dieselbe runde Erdscheibe von fünf grünen Schleifen umgeben, welche das Wasser der Erde im Gegensatze zu dem blauen Grunde, dem Wasser über der Veste, darstellen sollen. Das dritte Rund (Dies tertius ligna et herbas et omnia viventia protulit) enthält drei verschiedene aus dem Erdreiche herauswachsende Pflanzen oder Bäume, das vierte (Dies quartus sol et luna et stelle) die beiden grossen Lichter, in hergebrachter Weise als Köpfe, sowie die Sterne in der Form von Rosetten, das fünfte endlich (dies quintus, volucres, bestie et reptilia) eine Anzahl kriechender und fliehender Thiere, die sich ebenso wie die vorhergehenden Darstellungen von tiefblauem Grunde abheben.

Statt des sechsten Tagewerkes erblicken wir die Erschaffung der Eva mit der Umschrift: dies sextus, homo ex limo, mulier ex viro. Adam erscheint seitlich gelehnt, das Haupt in die rechte Hand gestützt, auf felsigem Grunde in Schlaf versunken; aus seiner Brust geht ein sich nach oben zu verdickender, gebogener Stiel heraus, welcher den Kopf der Eva trägt. Gegenüber ragt in bekannter Weise die Hand des Schöpfers aus Wolken hervor. Dieselbe ist hier ganz in dem Sinne der Kirchenväter zugesetzt, welche die Welt durch Gottes Wort, den Menschen aber durch Gottes Hand geschaffen erklärten[*]. Eine ganz ähnliche Darstellung dieser Scene findet sich, wie wir an dieser Stelle vorausschicken wollen, in dem bei der Besprechung des Rolandliedes erwähnten Milstätter Codex. Die Lage Adam's, das Herauswachsen der Rippe mit dem Kopfe, die Andeutung der Felsen, alles dies stimmt so auffallend in beiden Handschriften überein, dass die Annahme eines gemeinsamen Vorbildes nicht unberechtigt sein dürfte. Der Hauptunterschied besteht darin, dass auf dem Milstätter Bilde statt der Hand die ganze Figur Gottes als am Schöpfungswerke betheiligt dargestellt ist.

Darstellungen der fünf ersten Schöpfungswerke treten, wie Anton Springer in einer Abhandlung über die Genesisbilder in der Kunst des frühen Mittelalters angewiesen hat, in den älteren Zeiten so vereinzelt auf, dass es vorläufig wenigstens, d. h. mit Hilfe des jetzt zu Gebote stehenden Materials nicht möglich erscheint, „die Wege anzugeben, auf welchen sich die Typen von Geschlecht zu Geschlecht vererbten"[**]. Die einzelnen Scenen erscheinen an den wenigen Stellen, wo sie überhaupt nachweisbar sind, willkürlich theils ausgewählt, theils mit einander zusammengelegt, so im Ashburnham

---

[*] S. F. Piper, Einl. i. d. monumentale Theologie, Gotha 1867, S. 84.

[**] Abhandl. der philos. hist. Klasse der sächs. Ges. der Wissenschaften Bd. IX, 1884, S. 672. Für spätere Bilder des Schöpfungswerkes enthält vieles dankenswerthe die Abhandl.: Iconographie des Cathédrales von Didron ainé in IX. Bande der Annales archéologiques. Erwähnt sei ausserdem noch eine griech. Handschr. der Laurentiana aus dem XI. s. (Plut. V. cod. 38), welche die sechs Tagewerke auf vier Gemälden darstellt; s. Rumohr, Ital. Forschungen, Berlin und Stettin 1827, S. 308; Abbild. im Tübinger Kunstblatt 1831, No. 9 zu S. 44.

Pentateuch und der Metrical Paraphrase of Cädmon in der Bodleiana, so auf den Wänden der Capella Palatina in Palermo und des Domes zu Monreale, so auf dem elfenbeinernen Altarvorsatze im Dome zu Salerno und in einer Kuppel der westlichen Vorhalle von S. Marco. Wollte man nicht, wie in der Bibel von Noailles, oder im Hortus der Herrad das Auskunftsmittel der Personification und Allegorie anwenden*), so war der Vorwurf in der That so schwierig und undankbar, dass es nicht Wunder nimmt, wenn z. B. in der Wiener Genesis, in den Londoner und Bamberger Alcuinbibeln, in der Vivians-Bibel Karl's des Kahlen, in der Bibel von S. Calisto und anderen alten Prachthandschriften, die Bilder zur Schöpfungsgeschichte mit dem sechsten Tagewerk ihren Anfang nehmen. Auch die Milstätter Handschrift, deren Verse die einzelnen Ereignisse getreu nach der Bibel berichten, beginnt ihren umfangreichen Bildercyklus erst mit der Erschaffung des Menschen. Unsere Darstellung, resp. das, wie wir unten sehen werden, derselben zu Grunde liegende Vorbild, liefert den besten Beweis, dass bei dem Mangel an typischer Entwickelung derartiger Stoffe die Originalität und das Vorstellungsvermögen des mittelalterlichen Künstlers nicht dazu ausreichten, den schwierigen Stoff nur einigermassen zu bilden. Der kleine Maassstab muss schliesslich über Alles hinweghelfen, und die Beischrift das Bild erklären. Immerhin sind die kleinen Bildchen, welche mehr andeuten, als darstellen, als erster Versuch in einer neuen Richtung bemerkenswerth**).

Unter den ältesten Darstellungen der Schöpfung der Eva, welche sich, abgesehen von der verschiedener Deutung fähigen Darstellung auf dem aus S. Paolo fuori le mura stammenden Sarkophage des Lateranmuseums (Abbild. bei Garrucci Taf. 365, 2), in den vorstehend erwähnten Prachthandschriften der karolingischen Zeit befinden, bietet die betreffende Miniatur in der Bibel von S. Calisto (jetzt in der Bibliothek der ehemaligen Benediktinerabtei S. Paolo fuori le mura) die meisten Analogien mit unserem, besonders aber auch mit dem Milstätter Bildchen. Adam erscheint auch hier auf dem Boden liegend und den Kopf in die rechte Hand stützend***), während Christus demselben ein Fleisch-

---

*) In umfangreicher Weise auch bei dem Hauptbeispiel dieser Darstellungen auf dem Gebiete der Skulptur, den Bildwerken an dem mittleren Portal der nördl. Vorhalle des Domes von Chartres (Abbild. bei Didron, Annales arch. Bd. IX) angewendet. Die ehemalige Heidelberger Folio-Bibel des IX. s. im Vatikan (Pal. lat. 3, 4 und 5) zeigt zu Beginn der Genesis ein Bild, auf welchem zuoberst der thronende Christus erscheint, darunter in zwei schräg gelagerten Glorien Adam und Eva, geschlechtlich nicht unterschieden, und zuunterst Christus auf der Weltkugel sitzend und die beiden vor ihm stehenden ersten Menschen segnend.

**) Ebenso finden sich die Schöpfungswerke in Kreisen dargestellt in dem ungefähr gleichzeitigen Evangeliar des Herzogs von Cumberland und in einem Bibelfragmente zu Bamberg (Stadtbibl. No. 210). Einem anderen Ideenkreise entspringt das bekannte, um 1390 entstandene Bild des sogenannten Mappamondo im Campesanto zu Pisa (s. Piper, Mythologie S. 107).

***) Dies Motiv hat typische Bedeutung und findet sich ebensowohl in dem Kuppelmosaik der westlichen Vorhalle von S. Marco und an der östlichen Mittelschiffswand des Domes von Monreale, wie in Bilderhandschriften des ausgehenden Mittelalters, z. B. in dem aus dem XV. s. stammenden Vatikanischen Speculum hum. salv. (Pal. lat. 413). Auch die *imagerie* schreibt diese Lage vor (s. umstehend).

band ohne Kopf aus der Hüfte zieht*). Auf dem Gebiete der Sculptur haben wir von älteren Werken unseres Wissens nur drei Darstellungen des uns beschäftigenden Vorwurfes zu verzeichnen, nämlich auf den Erzthüren von Hildesheim und Augsburg, sowie an der Hauptfaçade des Domes zu Modena. Auf dem erstgenannten, im Jahre 1015 vollendeten Werke erscheint Eva am Boden liegend, während der Schöpfer sich über sie neigt, um sie zum Leben zu erwecken. Adam steht abwartend daneben. Die Schwierigkeiten in der Darstellung des eigentlichen Schöpfungsaktes sind somit in Widerspruch mit der Erzählung der Schrift umgangen. Dagegen erscheint bei der aus dem XI. Jahrhundert stammenden Augsburger Thüre ebenso wie bei dem etwas jüngeren Marmorrelief vom Dome zu Modena bereits das nachher allgemein zur Geltung gelangte Motiv der aus Adam's Seite aufrecht hervorwachsenden weiblichen Figur**). Adam erscheint dabei naturgemäss liegend, doch fehlt es auch nicht an Beispielen, wo dieselbe, wie z. B. auf der Bronzethür der Sophienkirche zu Nowgorod (den sogen. Korsun'schen Thüren aus der Mitte des XII. Jahrhunderts), die Procedur stehend über sich ergehen lässt. Unsere Darstellung ist somit als ein Uebergangsstadium von der karolingischen in die jüngere mittelalterliche Auffassung zu bezeichnen.

Vidit deus cuncta que fecit et erant valde bona. Et requievit deus die septimo ab omni opere quod fecerat, so lautet die Umschrift in dem Mandorla-Streifen, welcher oben im Bilde den thronenden Christus, als Mittelpunkt des grossen Kreisrundes umgiebt. Letzteres ist durch zehn speichenförmig an die Mandorla anschliessende Säulen mit darüber gespannten Rundbögen gegliedert und macht den Eindruck eines romanischen Radfensters, dessen erstes Beispiel in Deutschland an der Façade des Baseler Münsters auftritt. Dass das Mittelbild oval gezeichnet ist, führt dabei zu mancherlei Unzuträglichkeiten; die Säulen werden verschieden lang und schneiden mehrfach spitzwinklig in unschöner Weise mit ihrer Basis an die Mandorla an. Innerhalb der neun Bogen erscheinen dicht gedrängt die Brustbilder einer grossen Anzahl von heiligen Personen mit verschieden gefärbten Nimben. Dieselben sollen wahrscheinlich die neun Chöre der Engel darstellen, welche sich um den Schöpfer schaaren, und sind als solche sämmtlich jugendlich, der Einfachheit halber aber ohne Flügel gezeichnet.

Die Hauptfigur in der Mitte zeigt den oben bei Gelegenheit der Besprechung des Christusbildes in unserem Sacramentar näher erläuterten Typus des Thronenden. Als Sitz und Schemel dienen zwei Bogenstücke, während in der antiken Kleidung, den nackten Füssen und dem getheilten Haupt- und Barthaar sich die Einzelheiten der älteren Darstellungsweise noch in voller Kraft zeigen. Der kreisrunde und der ovale Gegenstand, welche

---

*) Springer, Genesisbilder, S. 655. Photographiert sind die Bilder und Initialen der Handschrift durch P. Molins in Rom. Kleine, schlechte Abbildungen finden sich bei S. d'Agincourt auf Taf. 41 des 5. Bandes.

**) Die ???? beschreibt diese Scene: „Adam liegt nackt da, auf seine Hand gestützt, und Eva geht aus seiner Seite hervor" (Schäfer a. a. O. S. 106).

der Herr in Händen hält, sind nicht näher zu unterscheiden, und so verzichten wir auf Deutungsversuche in dieser Hinsicht. Dass Christus an Stelle des Vaters zur Darstellung gelangt ist, darf nicht Wunder nehmen. Sei es, dass die Scheu, den Höchsten in ganzer menschlicher Figur abzubilden, sei es, dass die falsche Auslegung der Nicänischen Dogmen die Veranlassung war, bereits in der altchristlichen Kunst sehen wir diese Vertauschung der göttlichen Personen vorgenommen. Von dort aus in die byzantinische und abendländische Kunst des Mittelalters übergegangen, hat sich diese eigenthümliche Auffassung bis in die neuere Zeit hinein erhalten *).

Aus der zweiten Arkade links erblicken wir den Erzengel Michael in wagerechter Haltung herausragend, und mittelst einer langen Lanze den Lucifer bekämpfend. Der vorgehaltene Schild zeigt die Umschrift: factum est proelium magnum in celo, welche den Anfang der um das grosse Rund herumlaufenden Legende vom Sturze des Drachen bildet. Letzteren sehen wir links unten im Bilde, mit einem an einer Kette um den Hals geschlungenen Mühlsteine kopfüber herabgestürzt und von der Lanze des Erzengels durchbohrt. Die geschickte Zeichnung des Unthieres zeugt von der grossen Uebung in der Darstellung von Fabelthieren zu damaliger Zeit. Ausserdem erscheint eine Anzahl kleiner Teufelchen in dem oberen Raume, possirlich durcheinanderpurzelnd; der frechste versucht mit vorgehaltener Lanze dem Erzengel Widerstand zu leisten.

Als Gegenstück zu diesen nach der mittelalterlichen Auffassung dem Schöpfungswerke der Welt vorangehenden Scenen sehen wir zu unterst im Bilde die nachfolgenden Ereignisse im Paradiese: rechts den Sündenfall, links die Vertreibung, beide getrennt durch einen Stern mit vier flammenartig gewundenen Armen, welche die Namen der vier Paradiesesflüsse enthalten. Der Sündenfall (in der Beischrift als praevaricatio bezeichnet) und die Vertreibung aus dem Paradiese (expulsio) gehören zu den beliebtesten Vorwürfen der bildenden Künste aller christlichen Zeiten. Es würde zu weit führen, auf die Iconographie dieses Bilderkreises hier näher einzugehen. Von den Darstellungen auf den altchristlichen Sarkophagen und von den Katakombenbildern an zieht sich eine ununterbrochene Bilderkette bis herauf zu den Werken eines Masaccio, Ghiberti, Dürer, Raphael und Michelangelo, ja bis in die neueste Zeit hinein. Unzählige Varianten, nicht nur hinsichtlich der äusseren Anordnung, sondern auch hinsichtlich der Wahl und Auffassung der einzelnen Scenen treten dabei zu Tage. Unser Künstler hält sich an die beiden Hauptmomente: das Vergehen und die Strafe und stellt beide in einfachster Weise, ohne einen neuen, originalen Zug hineinzubringen, dar; denn dass Adam vor dem Sündenfalle sich bereits das Blatt vorhält, und dass Adam, Eva und Schlange jedes einen Apfel aufweisen, dürfte kaum in dieser Richtung hervorzuheben sein. Bei der Figur der Eva ist, um die

---

*) Näheres darüber in Didron's Iconogr. chrét., Hist. de Dieu, Paris 1843. S. 174 f.; dagegen erscheint Gott Vater das Schöpfungswerk vornehmend z. B. in einer vatikanischen Vulgata des XV. s. (Pal. lat. 1).

Schampartie zu verhüllen, das altbekannte Auskunftsmittel, dieselbe als im Vorschreiten begriffen darzustellen, angewendet worden. Das erste Menschenpaar erscheint, wie im Mittelalter gewöhnlich, weil nicht auf natürliche Weise geschaffen, ohne Nabel dargestellt[*]. Beim Sündenfalle tritt der Erzengel als Hauptperson hervor. Eiligen Schrittes, mit hocherhobenem Schwerte in der Rechten, vertreibt er die Sündigen, mit einem zweiten gesenkten Schwerte in der Linken drückt er gleichzeitig gegen die geschlossene Pforte, welcher auf der anderen Seite neben dem Bilde des Sündenfalles eine geöffnete Pforte entspricht. Die Gestalten Adam's und Eva's, diesmal beide ein Blatt vorhaltend, erscheinen links von der verschlossenen Thür, ersterer nach links fortschreitend und mit dem arg verzeichneten rechten Arme nach dem verlorenen Paradiese zurückweisend, letztere rückwärts gewendet zu der verbotenen Schwelle. Da der Zeichner mit dem Platze nicht ausgekommen, verschwindet die halbe Figur Adam's hinter den aus dem stagnum ignis hervorquellenden Rauchwellen.

Ueber den Stil und die Färbung dieses sowie der folgenden Bilder soll unten im Zusammenhange gehandelt werden. Vergleichen wir zunächst das vorbeschriebene Bild mit dem Bilde gleichen Gegenstandes in dem gleichzeitig entstandenen, mit dem Chronicon Zwifaltense minus[**] beginnenden Ms. der Kgl. öffentl. Bibliothek in Stuttgart (Hist. fol. 415). Die Uebereinstimmung beider Darstellungen ist eine so augenscheinliche, dass die gegenseitige Abhängigkeit ausser Frage steht. Nicht nur die Umschriften finden sich wörtlich genau wieder, die Aehnlichkeit erstreckt sich bis in Einzelheiten. Wir ziehen deshalb vor, nur die Abweichungen hervorzuheben, von denen zunächst die Versetzung der sechs Schöpfungskreise in das obere Rund um das Bild Christi herum zu erwähnen ist. Da in Folge dessen der Platz unten frei wurde, konnte der grosse Kreis so weit heruntergerückt werden, dass der obere Bildrand statt der Sekante die Tangente bildet. Ferner ist die Umgrenzung des mittleren Bildes eine runde, so dass die sechs Schöpfungskreise in gleichmässigem Abstande ringsum gruppirt werden konnten. Ist somit der Charakter des Speichenrades völlig weggefallen, so erscheint dafür der äussere Kreis ringsum mit kleinen Arkaden besetzt, welche links die Engel des Lichtes, rechts die der Finsterniss enthalten. Schliesslich sieht man den Erzengel statt an der Seite, zu oberst im Runde und nach rechtshin kämpfend, so dass auch Lucifer auf dieser Seite des Bildes sichtbar wird, das Paradies-Bild dagegen auf der linken Seite, umgekehrt wie auf unserem Blatte.

Vergleichen wir die Gesammtanlage beider Bilder, so sind die Vortheile in der Anordnung des Stuttgarter Bildes sofort einleuchtend. Die Werke erscheinen hier um den Urheber herum gruppirt und dadurch mit denselben in engere Beziehung gesetzt, der Gegensatz zwischen den guten und bösen Engeln gelangt klarer zum Ausdrucke,

---

[*] S. C. Friedrich, Die bildl. Darstellungen des Adam und der Eva im christl. Alterthume, i. Wartburg II. VI.

[**] S. Waagen, Ketw. u. Kst. in Deutschland II, S. 109; F. Piper, Mythologie II, S. 338, 364 u. 379; H. Janitschek, Gesch. d. Malerei, S. 123.

der Stoff ist natürlicher gegliedert und eine Ueberhäufung vermieden, welche die Uebersicht-
lichkeit auf unserem Bilde erschwert. Diese Vorzüge, zu welchen sich noch die Ueber-
legenheit in zeichnerischer und coloristischer Hinsicht gesellt, machen die Priorität des
Stuttgarter Bildes unzweifelhaft. Man kann verstehen, wie ein Copist aus Unverstand,
theils um die beliebte Radform anzubringen*), theils um überhaupt etwas Anderes zu
machen, die sechs kleinen Kreise aus dem grossen Rand verbannen und dieselben ohne
jede Verbindung unten neben einander zeichnen konnte, ein umgekehrtes Verhältniss aber,
nämlich dass der Copist das schlechtere Vorbild zu so einheitlicher Composition um-
gestaltet habe, erscheint uns undenkbar. Uebrigens steht die Anordnung des Stuttgarter
Bildes nicht vereinzelt da; auch das Evangeliar des Herzogs von Cumberland, das Hauptbeispiel der zu Friedrich Barbarossa's Zeit neu erwachenden sächsischen Zeichenkunst,
zeigt die sechs Schöpfungsbilder um Christum als Mittelpunkt herum gruppirt**).

Auf welche Weise der Künstler unserer Handschrift, welche, wie erwähnt, wahrscheinlich auf dem Rupertsberge bei Bingen geschrieben und illuminirt worden ist, die
Bekanntschaft des Stuttgarter, im Kloster Zwifalten am Fusse der schwäbischen Alb entstandenen Bildes gemacht hat, entzieht sich unserem Wissen. Die Möglichkeit, dass ein
gemeinsames Vorbild benutzt worden ist, könnte wiederum als Ausweg gelten. Dass nicht
eine blosse Erinnerung, sondern eine directe Copie vorliegt, beweist die getreue Uebereinstimmung der Einzelheiten und der Umschriften.

Das nächste Bild steht auf der Rückseite desselben Blattes (Abbild. Taf. 12)
und zeigt vor Allem im Vergleich zu dem vorbeschriebenen Bilde eine klarere und ein-
heitlichere Anlage. Der Ursprung desselben ist, wie wir gleich vorausschicken wollen,
ebenfalls in dem erwähnten Stuttgarter Codex zu suchen, und der Zusammenhang zwischen
Bild und Text rein äusserlicher Natur, gerade wie bei der vorangehenden Darstellung.

In der Mitte erblicken wir in kreisrunder Umrahmung das Jahr (annus) als
männliche Figur in sitzender Stellung, in langem Barte und mit einer Krone auf dem
Haupte; die Rechte hält den Kopf des sol, die Linke den der luna, zu Füssen knieen
links das Licht (lux) als nackte Jünglingsfigur, mit einem Strahlennimbus um das
Haupt herum, rechts die tenebrae, eine bekleidete weibliche Gestalt, im Begriff, das Haupt
mit einem Schleier zu verhüllen. Der nächste der drei dies Mittelbild concentrisch umgebenden Ringe enthält in rhombischer Umrahmung je einen Kopf: der oberste, oriens,

---

*) Ueber die Vorliebe der damaligen Zeit für Darstellungen allegorischen Inhalts in Form eines
Rades, insbesondere des Glücksrades, s. W. Wackernagel, Das Glücksrad und die Kugel des Glücks (Kleine
Schriften I, S. 241 f.), sowie G. Heider, Das Glücksrad und dessen Anwendung in der christl. Kunst (Mitth.
der K. K. Centr.-Commiss. etc. IV. 1859, S. 113 f.). Auf dieselbe Beliebtheit der Radbilder weist das Rad der
Philosophie im Hortus der Herrad hin. Die Philosophie erscheint hier als Mittelpunkt eines Rades, zwischen
dessen Speichen die sieben Künste dargestellt sind (Abbild. bei Engelhardt, Taf. 8). Ueber zwei weitere Beispiele in unserer Handschrift s. u. S. 97 u. 101.

**) S. Woltmann u. Woermann, Gesch. d. Malerei I, S. 277 f.

11*

von vorn gesehen, die drei anderen auster, occidens und aquilo im Profil. Man könnte zweifeln, ob damit die vier Himmelsgegenden oder die Hauptwinde gemeint sind, doch belehren uns die aus dem Munde der im Profile gezeichneten Köpfe hervorgehenden, divergirenden Striche, dass letztere Auffassung die richtigere ist. Trotzdem treten die vier Hauptwinde in den äusseren Zwickeln nochmals auf.

Der nächste Ring enthält die Bilder folgender acht Naturerscheinungen: fulgur, tonitrus, fluctus, imber, ros, nix, gelu und grando, in höchst naiver Vermischung von Allegorie und Wirklichkeit zur Anschauung gebracht. Ohne die Umschrift würde man schwerlich in dem ernst dreinblickenden Vollmondgesicht mit den sechs keilartigen Strahlen ein Bild des Blitzes, oder in dem Jüngling, welcher zwei vasenartige Gefässe trägt, eine Allegorie des Platzregens erkennen. Alle Bildchen enthalten eine menschliche Figur oder wenigstens einen menschlichen Kopf; nur der Donner macht eine Ausnahme, indem derselbe als ein dreifacher Kreis dargestellt ist, von dem aus vier geflügelte Thierhäupter gezackte, spitze Geschosse nach den vier Weltgegenden entsenden*).

Der äusserste Kreis zeigt in den Hauptachsen die Personificationen der aurora, serenitas, tempestas und pruina in ganzer Figur; aus welchem Grunde letztere als Jüngling mit Stiefeln, engen Beinkleidern, kurzer Tunika und Judenhelm bekleidet dargestellt ist, der gewaltthätige Sturm dagegen als weibliche Gestalt, ist nicht einzusehen. Eine umgekehrte Anordnung würde jedenfalls dem Charakter der Wettererscheinungen besser entsprochen haben, nachdem einmal das Geschlecht der lateinischen Ausdrücke vom Zeichner als unmassgeblich anerkannt worden war. Dabei ist noch zu bemerken, dass aus der Zeichnung nicht hervorgeht, ob die Morgenröthe als Mann oder Weib aufgefasst ist, da der nackte Körper jede charakteristische Andeutung in dieser Hinsicht vermissen lässt. Die Auffassung der vier Gestalten an und für sich ist nicht ohne Originalität. Aurora erscheint vom Schlummer erwachend und im Begriff, die lange, sich kreuzweise um den in guten Verhältnissen gezeichneten Körper herumlegende Hülle mit beiden Händen abzustreifen; die heitere Witterung, in der Frauentracht der damaligen Zeit mit lang herabhängenden Aermeln, hält in der Rechten drei Blüthen, in der Linken das Scepter ihrer milden Herrschaft; die Windsbraut hüllt sich fester ein und versucht, einen Schleier über den Kopf herüberzuziehen; der Winter (Reif oder Schnee) endlich steht halb erfroren da, mit vorgebeugtem Körper und schlotternden Händen und Beinen.

Dazwischen erscheinen die zwölf Bilder des Thierkreises untergebracht, das Mittelbild jeder Gruppe mit rhombischer, die beiden Seitenbilder mit kreisrunder Umgrenzung. Die Wiedergabe der Sternbilder enthält nichts eigenthümliches; dieselben waren dem Zeichner offenbar aus den Calendarien der Zeit her sehr geläufig. In den vier äusseren Zwickeln des Bildes sind abermals die vier Hauptwinde, diesmal in ganzer

---

*) Wahrscheinlich sind die Beischriften von Blitz und Donner vertauscht worden, s. a. S. 180.

Figur, unbekleidet, mit Flügeln an Schultern und Füssen dargestellt. Weit ausschreitend berühren sie mit den Fussspitzen den Rand der Jahresscheibe und halten in jeder Hand einen Nebenwind in der Form eines Kopfes mit ebenso zu Berge stehenden Haaren, wie sie selber aufweisen. So trägt der Auster den Euro auster und Euronothus, der Favonius den Chorus und „Africus", der Septentrio den Circius und Aquilo, der Subsolanus den Eurus und Vulturnus*).

Vergleichen wir das vorstehend beschriebene Bild mit der zu Grunde liegenden Darstellung im Stuttgarter Codex, so fällt zunächst die völlige Uebereinstimmung des Mittelbildes in's Auge; die einzige Abweichung, die unser Zeichner vorgenommen, besteht darin, dass die Worte nox und dies mit tenebrae und lux vertauscht worden sind. Dagegen ist im Stuttgarter Bilde das mittlere Rund nur von zwei Ringen, welche durch Radien in zwölf gleiche Segmente getheilt sind, umgeben. Auf diese Weise entstehen vierundzwanzig Felder, von denen die zwölf inneren je einen Monatsnamen mit dem zugehörigen Sternbilde, die zwölf äusseren charakteristische Darstellungen der menschlichen Thätigkeit in dem entsprechenden Monat enthalten**). Zwölf ausserhalb des Kreises bei jedem Segment angebrachte Köpfe bezeichnen die Hauptwinde, während in den Zwickeln die vier Jahreszeiten als ganze Figuren, mit entsprechenden Emblemen versehen, dargestellt sind. Schliesslich erscheinen noch ausserhalb der rechteckigen Umrahmung des Ganzen die vier Tageszeiten gleichfalls in menschlicher Gestalt mit den Beischriften: Aurora, Meridies, Vespera, Pruina. Betrachtet man diese wohldurchdachte und sinnreiche Anordnung, so ist eigentlich nicht zu begreifen, warum der Zeichner unseres Bildes dieselbe aufgab, und statt dessen jene confuse Zusammenstellung vornahm, welche wir oben beschrieben haben. Ist es demselben auch nicht gelungen, den Grundgedanken des Originals vollständig zu verwischen, so erscheinen doch die einzelnen Bestandtheile des Bildes, wahrscheinlich in Folge des Bestrebens, um jeden Preis etwas Anderes zu machen, derartig durcheinander gewürfelt, dass ohne Kenntniss des Vorbildes kaum ein zusammenhängender Sinn in das Ganze zu bringen ist. Zunächst hat der Copist die Radialtheilung nur für den äussersten Ring beibehalten, und hat durch Zusammendrängen der Sternbilder Platz gemacht für die Figuren der Tageszeiten, welche im Originale ausserhalb des Randes angebracht waren. In Folge einer willkürlichen Veränderung zweier Namen, meridies in serenitas und vespera in tempestas, wurde ausserdem die Bedeutung der Figuren verdunkelt, und die unsinnige Verbindung von Wettererscheinungen und Tageszeiten herbeigeführt. An die Stelle der Jahreszeiten traten ferner in den Zwickeln die Bilder der Winde, statt der Monatsthätigkeiten wurden Wettererscheinungen eingeführt, und schliesslich in einem zugefügten dritten Ringe

---

*) Ueber die Iconographie der Himmelserscheinungen finden sich ausführliche Nachrichten in dem 2. Theile des bereits mehrfach angeführten, grundlegenden Werkes von F. Piper: Mythologie der christl. Kunst, Weimar 1851.

**) Im späten Mittelalter wird diese Zusammenstellung in den Kalendern zur Regel.

abermals eine Darstellung der vier Hauptwinde in veränderter Form und mit theilweise
veränderten Namen vorgenommen*). Dass der Text die Veranlassungen zu den Um-
änderungen geboten, ist nicht anzunehmen, denn auch bei diesem Bilde ist, wie bereits
erwähnt, kein direkter Zusammenhang zwischen Bild und Text zu erkennen. In der
dritten Vision ist zwar von einem instrumentum rotundum, von einem globus, von frigus,
flatus, sonitus tempestatum, fulgura, tenebrae etc. die Rede, aber in einem Zusammenhange,
welcher mit dem Inhalte unseres Bildes nicht die mindesten Anknüpfungspunkte aufweist**). Wir haben nichts vor uns als eine gelehrt aussehende Spielerei ohne einen
tieferen Grundgedanken, wie solcher bei den erwähnten, in ähnlicher cyklischer Anordnung auftretenden Darstellungen des Glückrades oder der Lebenskreise entgegentritt.
Unsere Wind- und Wettertafel***) bildet vielmehr eine Vorstufe zu den in späterer Zeit zu
Beginn der Bücher sehr beliebten astronomischen Kalendarien und Planetarien†).

Das nächste Bild findet sich auf fol. 3ᵇ, nachträglich auf dem leeren Raume hinter
dem Inhaltsverzeichniss eingefügt (Abbildung auf Taf. 13). Wir erblicken die Seherin
in Klostertracht, langem, ungegürtetem Gewande und Kopftuche, innerhalb eines hallen-
artigen Gemaches, dessen Thür nach rechts hin offen steht. Erhobenen Hauptes scheint
sie, den Blick nach oben gerichtet, den göttlichen Eingebungen zu lauschen. Die Rechte
hält den Griffel, die Linke die geöffneten Wachstafeln empor. Mit den Füssen steht
sie auf den äussersten Enden zweier sich kreuzender Giebelsparren, welche einem zweiten,
darunter befindlichen, nach oben rund begrenzten Raume angehören. In diesem erblicken wir einen Mönch, auf einem Lehnstuhle sitzend und mit Schreiben emsig beschäftigt. Das vorgebeugte Haupt ist etwas zur Seite geneigt und mit wohlgeordneten
Reihen kurzer Locken geziert. Offenbar hat der Zeichner in dieser Figur jenem in den
Werken der Hildegard oft erwähnten Mönche, von dem die Heilige selbst berichtet, dass

---

*) Dieselben Namen für die Hauptwindrichtungen (oriens, auster, occidens und aquilo) finden sich in
einer Apokalypse der Hamburger Stadtbibl. (1°, No. 87) und auf einem emaillirten Buchdeckel des Kölner
Museums (vergl. F. Piper, Mythologie II. S. 447 u. 466). Die gewöhnlicheren Namen sind die bei den Zwickel-
figuren unseres Bildes angegebenen.

**) Die Verdoppelung der Bilderzahl von 4 auf 8 und auf 16 in den drei Ringen ist wohl nicht rein
zufällig entstanden.

***) Wir geben den Beginn der dritten Vision, der hierbei überhaupt nur in Frage kommen kann,
in Folgendem wortgetreu wieder: Post haec vidi maximam instrumentum rotundum et umbrosum secundum
similitudinem ovi, superius artum et in medio amplum ac inferius constrictum, in cuius exteriori parte per
circuitum lucidus ignis fuit, quasi pellem umbrosam sub se habens. Et in igne isto erat globus rutilantis ignis
tantaeque magnitudinis, quod idem instrumentum totum ab eo illustrabatur. super se tres faculas sursum ordinate
positas habens, quae suo igne eundem globum, ne laberetur continebant. Et idem globus se aliquando sursum
elevavit, et plurimus ignis ei occurrit, ita quod exinde flammas suas longius perduxit, ac se aliquando deorsum
inclinavit, multumque frigus ei obviam venit . . . .

†) Aehnliche Darstellungen von Zeit- und Lebenskreisen sind uns z. B. begegnet in dem 1023 in
Montecassino geschriebenen Codex der XXII libri des Rhabanus Maurus de origine rerum (Montecassino, Handschriften des Klosters), in einer griechischen Cosmas-Handschrift des Vatikan (Vatican. 699), sowie ebenda in
einer ehemals Heidelberger Biblia Pauperum des XIV. s. (Pal. lat. 871).

er ihr bei der Niederschrift der Gesichte behilflich gewesen sei, an dieser Stelle ein Denkmal setzen wollen; im Uebrigen betont die Seherin wiederholt, dass sie, die bis dahin des Lateinischen sowohl, wie des Schreibens völlig unkundig gewesen, durch ein göttliches Wunder in den Stand gesetzt worden sei, die wunderbaren Erscheinungen selbständig niederzuschreiben. Auf dem betreffenden Bilde des Wiesbadener Codex erscheint in Folge dessen der Mönch nur an der Thür horchend, die Heilige aber selbst mit Schreiben beschäftigt *). Dass hier wie dort Wachstafeln und Stilus in den Händen der Heiligen dargestellt sind, erklärt sich aus der nachgewiesenen Thatsache, dass das ganze Mittelalter hindurch und noch weit darüber hinaus die antike Schreibweise auf Wachstafeln in Gebrauch war **). Besonders dienten dieselben zu vorläufigen Einzeichnungen, gelegentlichen Notizen u. s. w., und ist auf unserem Bilde dadurch ganz bezeichnend ausgedrückt, dass die Heilige auf dem Söller provisorisch niederschreibt, was die göttliche Stimme ihr eingibt, während der Mönch unten die Reinschrift verfertigt. Auch auf dem Rade der Philosophie im Hortus deliciarum der Herrad sehen wir ein Diptychon in der Hand der Dialectica. Die Figur der Grammatica daselbst zeigt in der ganzen Haltung auffallende Aehnlichkeit mit der der Heiligen auf unserem Bilde, ist aber weit besser gezeichnet.

Die gegenüber stehende Seite enthält zugleich eine kalligraphische und eine bildliche Ausschmückung der Titelworte des Scivias (Abbildung auf Taf. 14). Die Hauptrolle spielt dabei ein grosses Initial I, welches in drei übereinander stehenden Medaillons die bekannte Darstellung der Wurzel Jesse zeigt. Der Stammvater zu unterst erscheint, wie gewöhnlich, auf dem Rücken liegend. Aus seinem Leibe wächst ein kräftiger Stamm heraus, dessen Aeste in den beiden oberen Abtheilungen die Figuren Mariä und darüber Christi, erstere mit betend vorgestreckten Händen, letzteren, wie in unserem Sacramentar, mit Buch und segnend erhobener Rechten dasitzend, tragen. Zu oberst, innerhalb einer über die rechteckige Umrahmung hinausreichenden Schleife erblickt man die Taube des heiligen Geistes von mehreren Flügeln getragen und den Kopf mit einem Nimbus verziert. Die Zeichnung des aufstrebenden Baumes resp. Weinstockes wird durch die eingefügten Medaillon-Umrahmungen, deren Hälften in spitzem Winkel zusammenstossen, einigermaassen verhüllt, und es bedarf eines aufmerksamen Verfolgens der Rankenzüge, um zu sehen, wie der Stamm sich unter der Maria nach beiden Seiten spaltet, sodann unter Christo wieder vereinigt, um schliesslich nochmals auseinander zu gehen ***). Auf diesem Wege ranken sich die Nebenzweige verschiedentlich um die Umrahmungen herum und füllen die leeren Aussenzwickel in symmetrischer Weise. Eine überflüssige Zuthat sind die beiden Bogen-

---

*) Abbildung zu Beginn des VIII. Bandes von Pitra's Analecta etc.
**) Näheres darüber in W. Wattenbach's Schriftwesen, 2. Aufl. S. 54 f. Erwähnt ist unser Bild ebenda auf S. 231.
***) Aehnliche Umrahmungen durch Astwerk zeigen auch die Medaillons der Propheten an der Decke der St. Michaelskirche zu Hildesheim.

stücke, auf welchen Mutter und Sohn sitzen, insofern, als dem Sinne der Darstellung nach die aus Jesse hervorwachsenden Ranken den Sitz bilden.

Darstellungen des Stammbaumes Christi bilden etwa seit der Mitte des 12. Jahrhunderts für Maler und Bildhauer ein sehr beliebtes Thema; Fenster, Wände, Decken und Portale der Kirchen werden damit ebenso überfluthet, wie die Handschriften*); meist ist aber die mit Isai und dessen Sohn David beginnende Reihe der Vorfahren Christi eine weit längere, als auf unserem Bilde, wo der Zeichner nur den Anfang und das Ende derselben wiedergegeben hat. Maria tritt hierbei selten selbständig auf und ist auf den meisten späteren Darstellungen dieser Art nur in Verbindung mit dem Sohne, als Gipfelpunkt aufgefasst. Wie hier, erscheint dieselbe aber auch z. B. in dem ungefähr gleichzeitigen Deckengemälde der St. Michaelskirche zu Hildesheim und in einem Neuen Testamente der Vatikanischen Bibliothek (Pal. lat. 39). Innerhalb eines Initiales ist uns, ausser in einem etwas jüngeren Wolfenbütteler Psalter**), dieser Vorwurf nicht begegnet.

Vergleichen wir die Darstellungen Christi auf dem vorliegenden und auf dem ersten Bilde, so tritt im Allgemeinen, abgesehen z. B. von der Armhaltung, die grösste Uebereinstimmung zu Tage. Beide Gestalten sind nach demselben Schema gearbeitet, und der Einfluss der aus altkarolingischer Zeit stammenden Vorbilder erscheint ungebrochen. Dabei hat der bärtige Typus im Laufe der Zeit die Oberhand gewonnen und findet sich auch in unserem Ms. consequent angewendet. Die Andeutung des Vollbartes ist zwar meist nur eine sehr zarte, und die Umrahmungslinie des Gesichtsovales sogar oft ohne Rücksicht auf den Bart gezogen, doch sind die beiden charakteristischen Theilungsstriche des Bartes unterhalb des Mundes stets gebührend hervorgehoben. Wahrscheinlich, um etwas Abwechslung in die typische Erscheinung des Thronenden zu bringen, hat der Zeichner denselben auf unserem Bilde mit aufwärts gerichtetem Blick dargestellt und die Kleidung dadurch variirt, dass über dem weissen Unterkleide ein kürzeres Obergewand, ähnlich der von den Priestern über die Alba gezogenen Tunicella oder Dalmatica erscheint.

Es folgt jetzt die grosse Lücke in der Reihe der Illustrationen. Erst auf fol. 106ᵃ, auf einem freien Raume vor dem Kapitelverzeichniss der ersten Vision des dritten Theiles, begegnet uns als nächste Darstellung, ein mittelst Ketten gefesseltes Unthier. Die Beischrift besagt: Vermis horribilis supinus iacens und weist irrthümlich auf die siebente Vision des dritten Theiles hin, während das Bild sich auf die siebente Vision des zweiten Theiles, also auf einen rückwärts liegenden Textabschnitt bezieht. Hierdurch wird das Bild hinlänglich

---

*) Mit der Wurzel Jesse beginnt z. B. auch die Berliner Handschrift des Werner von Tegernsee und das Evangelium Matthäi in dem Cod. Pal. lat. 39 (XIII. s.) des Vatikans.

**) S. Schönemann, Hundert Merkwürdigkeiten der Herzogl. Bibl. zu Wolfenbüttel, Hannover 1849, S. 39. Das von Janitschek, a. a. O. S. 123 erwähnte J in der Stuttgarter Handschrift Bibl. hist. fol. 415 enthält nicht den Stammbaum Christi, sondern Adam und Eva, Moses und die Schlange, Christus am Kreuz u. A. m.

als spätere Einfügung gekennzeichnet, und unsere obige Behauptung bestätigt, dass der Gedanke an Illustrationen erst aufgetaucht ist, als man die beiden ersten Theile bereits fertig niedergeschrieben hatte.

Zum ersten Male tritt uns hier die Absicht des Zeichners, eine Illustration der Textesworte zu geben, klar entgegen. Soweit es ihm bei der phantastischen Ueberfülle des Textes möglich war, ist er demselben gefolgt und giebt getreulich die blutrothen Augen, die feuersprühenden Ohren, die kopfüber gestürzte Lage, sowie die Fesselung der Hände und Beine des Unthieres wieder. Daneben aber versieht er den Wurm aus eigener Phantasie noch mit langem Ringelschwanze, Löwenkopf und mächtigen Bärentatzen. Die Kette läuft in die Oeffnung des Abyssus hinab, welcher durch eine blau umränderte Scheibe mit zahlreichen rothen, die mittlere Oeffnung speichenartig umgebenden Strichen angedeutet ist. Auf eine Wiedergabe der im Text erwähnten mannigfaltigen Wirkungen und Eigenschaften des Drachen hat der Zeichner wohlweislich verzichtet, und die ganze Darstellung im Charakter einer Rundskizze, ohne Umrahmung und Abschluss gehalten. Die Zeichnung des Unthieres zeugt ebenso wie die Wahl des Gegenstandes von der echt mittelalterlichen Vorliebe für Darstellung phantastischer Ungeheuer, wie solche uns auf dem ersten Bilde, sowie bei den Initialen unseres Buches entgegentritt und schliesslich in den Jugendwerken Schongauer's und Dürer's ihren Höhepunkt erreicht.

Die Illustrationen zum dritten Theile beginnen mit der Darstellung auf fol. 111ᵃ, welche wir auf Tafel 15 wiedergegeben finden*). Dieselbe gehört zur ersten Vision, und die betreffenden Stellen sind im Texte durch Häkchen hervorgehoben**). „Ich sah gen Osten und erblickte Etwas wie einen eisenfarbigen Stein von unermesslicher Grösse, über welchem eine weisse Wolke schwebte. Dieselbe trug einen Königsthron von runder Gestalt, auf dem Jemand Lebendiges sass, wunderbar strahlend, so dass ich kaum hinsehen konnte; um seine Brust aber schlang sich ein schwarzer, gewaltig grosser Streifen, mit Perlen und kostbaren Steinen besetzt. Und über dem Thronenden, von dem er ausging, war ein goldener Reifen gespannt, nach den vier Himmelsrichtungen sich im Kreise drehend, unermesslich und unerreichbar; derselbe glühte von innerem Feuer und reichte vom Himmel bis in die Hölle hinunter. Und ich sah einen glänzenden Stern vom Throne ausgehen, und zahllose Funken mit ihm zusammenströmen. Und dieselben zogen näher von Süden gen Norden und schauten auf Den, der auf dem Throne sass, wie auf einen Fremden. Da erloschen sie plötzlich; und ein Windstoss kam, der schleuderte sie weit umher, endlich sogar tief in den Abyssus hinunter, so dass sie Niemand mehr sah. Ihr

---

*) Um die Wiedergabe möglichst in der Grösse des Originales halten zu können, ist auf der linken Seite ein kleines Stück der Unterwelt in Wegfall gekommen. Die Begrenzung daselbst ist genau wie auf der rechten Seite zu denken.

**) S. oben S. 76.

Glanz aber kehrte zurück zu Dem, der auf dem Throne sass, und von dem er aus-
gegangen."

Vorstehende Uebersetzung, welche unter Weglassung des für unsere Darstellung
Entbehrlichen und, der zahlreichen Wiederholungen entkleidet, den Beginn der ersten
Vision wiedergiebt, lässt erkennen, wie wenig sich bei den Schilderungen der heiligen
Hildegard das Vorbild der Apokalypse verleugnet; nur dass alles noch verschwommener und
phantastischer ausgedrückt und noch weitschweifiger geschildert wird, als in den Gesichten
des Verbannten auf Patmos. Man staunt über die Kühnheit des Zeichners, der sich mit
dem bescheidenen, ihm zu Gebote stehenden Apparate von Ausdrucksmitteln daran wagte,
derartige überschwengliche Phantasien, deren Anziehungskraft offenbar in ihrer Unklarheit
bestand, in Bildern wiederzugeben. Und doch ziehen sich die als Vorbilder aufzufassenden
Illustrationen zur Apocalypse wie ein rother Faden durch die mittelalterliche Kunst hindurch, mitunter abreissend, aber immer wieder anknüpfend an die Vorliebe der Zeit für
das Dunkle und Geheimnissvolle in Dichtung und Darstellung. Wir werden hierauf
zurückzukommen haben und werden uns zunächst zur Betrachtung unseres Bildes.

Wie vorstehende Uebertragung den Inhalt des Textes nur im Auszuge wiedergiebt,
so enthalten die Umschriften ein noch mehr reducirtes Programm. Dabei laufen kleine
Veränderungen unter, wie z. B. die Umwandlung des grossen, eisenfarbigen Steines in
Berge, von denen im Texte gar nicht die Rede ist. Super montes rubus erklärt die Umschrift, und so sehen wir denn inmitten des Bildes eine Anzahl sich coulissenartig übereinander aufthürmender Berge, auf denen das grosse Kreisrund (angnus circulus auri
coloris et aurora) ruht. Die innen und aussen herumlaufenden Wellenlinien stellen die
Wolken dar, auf denen der regalis thronus rotundus des vivens lucidus mirabilis errichtet
ist. Mit der Bezeichnung des Thrones wusste der Zeichner nichts besseres anzufangen,
als dass er „das Königliche" des Thrones auf Den übertrug, der darauf sass, und diesem
eine Krone auf's Haupt setzte, während der runde Thron einfach als Bogenstück dargestellt
wurde, wie man es bei dem thronenden Christus zu sehen gewohnt war. Wir haben hier
ein bezeichnendes Beispiel, wie geschickt der Zeichner es verstand, die Klippen des Textes
zu umschiffen und unter möglichster Wahrung des Wortlautes des Textes einen Ausweg
zu finden. Den von der wunderbaren Erscheinung ausgehenden Glanz stellt derselbe als
Nimbus dar, welcher das Haupt des Gekrönten umgiebt. Im Allgemeinen ist die Figur
nach dem Schema des thronenden Christus gezeichnet. Kleidung, Sitzweise, nackte Füsse,
alles stimmt überein; dass der Darsteller aber nicht beabsichtigt hat, die göttliche Person
selbst darzustellen, geht aus dem Fehlen des Bartes und des Kreuzes im Nimbus hervor.
Die Hände erscheinen oberhalb des mit Steinen besetzten priesterlichen Schurzes (linus
lapidibus ornatus) mit dem Rücken gegen die Brust gehalten und zum Gebet geöffnet.
Der zur Seite geneigte Kopf wendet sich mit energischem Ausdrucke nach rechts hin.

Der „grosse Stern", sowie die „ungeheure Menge der blitzenden Funken" werden, mit purzelnden Teufelchen untermischt, innerhalb eines geschweiften, breiten Stromes sichtbar, der wie eine Hand aus dem von rothen Flammen durchloderten Abyssus herausragt. Zahlreiche daselbst eingezeichnete kleine, blassblaue Kreise bezeichnen die bereits erloschenen Funken, deren Glanz zurückgekehrt ist zu Dem, von dem er ausging. Im Ganzen hält sich der Zeichner hier, wie in der Folge an die Hauptzüge der Schilderung und an den Wortlaut des Textes, ohne sich um die Deutung des Gesichtes, welche regelmässig im weiteren Verlauf der Erzählung gegeben wird, zu kümmern. Er verzichtet somit darauf, zum Verständniss der räthselhaften Visionen beizutragen, und dadurch neue Räthsel zu schaffen.

Das nächste, auf der Rückseite dieses Blattes stehende Bild bezieht sich in seinem oberen Theile auf die zweite, in seinem unteren Theile auf die dritte Vision dieses Buches. Eine gemeinsame Umrahmung verbindet die beiden mit einander sonst in keinem Zusammenhange stehenden Bilder. Die obere Darstellung knüpft an das vorangehende Bild an. Wieder erscheint der vivens lucidus innerhalb eines von bunten Bergen getragenen Rundes, diesmal aber auf einem Throne sitzend, ohne Heiligenschein und mit seitwärts ausgestreckten Armen. Links daneben, gleichfalls auf Berghäuptern ruhend, erblickt man ein schräg liegendes Viereck: edificium quadrangulum ad similitudinem urbis quadrangulae factum aliquantulum in obliquum positum iuxta mirabilem lucidum. Dies Gebäude, welches wir als Hauptschauplatz der Gesichte des dritten Theiles wiederholt begegnen werden, ist im Grundriss als ein leerer quadratischer Hof dargestellt, dessen im Aufriss gezeichnete Mauern nach innen in den Grundriss hineingeklappt und dem Texte entsprechend in verschiedener Weise dargestellt sind. Der leuchtende Theil (lucida pars, der den oberen Winkel des schräg liegenden Viereckes einschliesst, erscheint festungsartig mit Thürmen (propugnacula) und Zinnen versehen, während der gegenüber liegende, steinerne Theil (pars lapidea) einfach mit blau gefärbtem Quaderwerk und, dem Texte gemäss, an zwei Stellen von den Bergen durchbrochen gezeichnet ist. Es würde zu weit führen, die betreffende Textstelle, welche in umständlichster Weise die Eigenschaften der beiden Mauerarten schildert, hier wiederzugeben. Der Zeichner hält sich auch diesmal nur an die oben hervorgehobenen Hauptzüge des Bildes und sucht sich, so gut als möglich, durch Anwendung des erwähnten technischen Auskunftsmittels, das freilich als ganz unkünstlerisch zu bezeichnen ist, aus den perspectivischen Schwierigkeiten herauszuziehen. Dass er aber dabei ausser den Umschriften den Text selbst zu Grunde gelegt hat, geht aus vielen Einzelheiten hervor; erstere sind somit nicht etwa als Programm, sondern erst hinterher zum besseren Verständniss der Darstellung ausgezogen worden.

Das darunter gezeichnete Bild schildert die fünf Erscheinungen (imagines) innerhalb des eisenfarbigen Thurmes in der Mauer des viereckigen Gebäudes, und zwar jede derselben unter einem Bogen stehend, der dem Texte zufolge mit einer thurmartigen Bekrönung erscheinen müsste, während die Darstellung eine nischenartige Ueberwölbung zwischen kleinen, auf Säulen ruhenden Thürmchen aufweist. „Das eine Bild nun

12*

schaute gen Osten, das zweite gen Norden und das dritte gen Westen: das vierte jedoch richtete den Blick auf die Säule des Wortes Gottes, an deren Fuss Abraham sitzend erschien. Das fünfte endlich betrachtete den Thurm der Kirche und das Getümmel der in dem Gebäude einherwogenden Menschheit." Hierauf schildert die Seherin, wie alle Erscheinungen in gleicher Weise mit seidenen Gewändern und weissen Schuhen bekleidet gewesen, und charakterisirt die einzelnen aufs ausführlichste hinsichtlich der Haare, der Bewaffnung, der verschiedenen Attribute u. s. w. „Darauf erblickte ich zwei andere Erscheinungen neben dem Thurme stehend, die eine von einem feuerstrahlenden Bogen umgeben, mit einer Krone auf dem Haupte, die andere ein Bild des Erlösers in den Händen tragend; beide aber waren gleich gekleidet in seidene Gewänder, trugen weisse Schuhe an den Füssen und das Haupt nach Art der Weiber umhüllt."

Wie aus vorstehendem Auszuge hervorgeht, wäre es in diesem Falle nicht schwer gewesen, die einzelnen Imagines dem Texte genau entsprechend auszustatten, und die vorgeschriebenen Stellungen und Gesten zur Darstellung zu bringen; statt dessen macht es sich der Zeichner sehr bequem, und führt uns fünf Figuren in der Art von Apostelgestalten, beliebig bunt gekleidet und unter rundbogigen Arkaden stehend vor. Rechts daneben zeichnet er eine Säule in schlechten romanischen Formen und Verhältnissen und bringt auf der anderen Seite die letzterwähnten beiden Erscheinungen, so gut es gehen wollte, am Rande, eine über der anderen stehend, unter. Er erleichtert sich die Sache sogar so weit, dass er der zweiten Erscheinung statt des Kreuzes mit dem Bilde des Heilandes eine Auferstehungsfahne in die Hand giebt, den eisenfarbigen Thurm ganz weg lässt und es der Phantasie des Beschauers anheim giebt, das Bild auch nach dieser Richtung zu ergänzen.

Die vierte und fünfte Vision sind mit Illustrationen schlecht weggekommen. Erstere entbehrt derselben anscheinend ganz (wir werden jedoch später sehen, dass weiter unten, auf fol. 176ᵇ nachträglich darauf Bezug genommen ist) und zu letzterer ist nur eine unbedeutende Randzeichnung auf fol. 135ᵇ vorhanden. Wir sehen dort das caput mirabilis formae als eine greuliche Fratze mit Flügeln an den Ohren und an den Schultern, dem Beschauer die Zunge lang entgegenstreckend und aus einer Ecke des viereckigen Gebäudes emportauchend.

Dagegen nimmt das Bild zur sechsten Vision (fol. 142ᵃ) eine ganze Seite ein. Die Seherin berichtet: „Und ich erblickte die eine innere Wand des viereckigen Gebäudes nach Art von Schranken mit einer Bogenreihe verziert (arcuatus secundum modum cancellorum), und darunter Etwas wie Bildnisse von Menschen (quasi picturae hominum). Draussen aber liefen zwei kleinere Mauern entlang, durch Wölbung mit einander verbunden. Und vor der verzierten Wand standen an jedem Ende derselben drei menschliche Gestalten auf dem Pflaster des Hofes, der Wand zugewendet. Sodann erblickte ich in einem anderen Winkel des Gebäudes eine einzelne Erscheinung, welche auf einem Haufen Steine sass und sich mit der rechten Schulter wider die Mauer lehnte: dabei erschien ihr Antlitz auf die Säule der wahren Dreieinigkeit gerichtet, zu welcher sich ebenfalls eine vierte Erscheinung wandte, die ich auf einem erhöhten Standpunkte, in derselben Ecke stehend bemerkte. Alle aber waren in seidene Gewänder reich gekleidet und trugen glänzendes Schuhwerk, mit Ausnahme der mittelsten Figur in der rechts vor den Arkaden befindlichen Gruppe, die vor lauter Glanz und Strahlen nicht zu unterscheiden war, und mit weiterer Ausnahme der letzterwähnten Erscheinung, die in schwarzen Schuhen dastand. Alle waren ohne Mäntel, einzig die Mittelfigur an der Wand trug einen Mantel um die Schultern. Und je zwei von der Gruppe links und rechts vor den Arkaden, sowie zwei von den Wandbildern, hatten das Haupt nach Weiberart umhüllt; mit weissem Schleier erschien ferner auch die in der Ecke auf den Steinen sitzende Gestalt. Der mittelste aber in der Gruppe rechts vor der Mauer trug einen safranfarbigen Kronreif; und eine Taube flog heran und flüsterte demselben etwas in's Ohr."

Die bildliche Wiedergabe dieses Gesichtes bereitet an und für sich keine Schwierigkeiten; mit einer Umständlichkeit, welche weit über die in vorstehendem Auszuge wiedergegebene Einzelschilderung hinausgeht, werden die verschiedenen Gruppen und Erscheinungen beschrieben, und die Stellungen derselben innerhalb der gegebenen Oertlichkeit so fixirt, dass der Zeichner eigentlich nichts nöthig hatte, als Zug für Zug den Worten des Textes mit der Zeichenfeder zu folgen. Dies ist abermals nur in flüchtigster Weise geschehen, und willkürlich bald den Einzelschilderungen entsprochen, bald von denselben abgewichen worden. Die allgemeine Anordnung wird erst klar und übersichtlich, nachdem man erkannt hat, dass der Zeichner, wie auf dem vorhergehenden grösseren Bilde, sich durch eine Vereinigung von Grundriss- und Aufriss-Darstellung über die Schwierigkeiten des perspektivischen Zeichnens hinweggeholfen hat. Dies Auskunftsmittel ist übrigens nicht als eine Erfindung unseres Künstlers zu betrachten, sondern erscheint als ein in der älteren Kunst bereits eingeschlagener natürlicher Ausweg.

Ausserhalb des Viereckes erblicken wir zunächst die beiden kleineren Mauern, parallel laufend mit der einen Viereckseite, auf der die Arkaden stehen, und am oberen Ende durch zwei kurze Bogenstücke (in modum testudinis) verbunden. Die sechs Figuren innerhalb der romanischen Bogengallerie sind in derselben Weise, wie bei der Illustration zur dritten Vision, ohne Rücksicht auf die Einzelschilderung des Textes, in der Art gewöhnlicher Heiligenfiguren zur Darstellung gelangt, zwei davon weiblich, die übrigen männlich, mit langen Bärten und in bunten Gewändern. Auch bei den beiden seitlich davor resp. darüber angeordneten Gruppen ist der Zeichner so eigenmächtig verfahren, dass weder der geschlechtliche Unterschied, noch die Verschiedenheit in der Kleidung zum Ausdruck gelangt ist. Von dem Strahlenglanze, der die Mittelfigur der rechtsseitigen Gruppe umgeben soll, ist nichts zu sehen, ebenso wenig von der heranfliegenden Taube; dieselbe ist vielmehr bei der Mittelfigur der gegenüber stehenden Gruppe zur Darstellung gebracht. Ausser mit dem im Texte erwähnten Kronreife ist die letztgenannte Figur noch mit einem Nimbus geschmückt und überragt die Nebenstehenden um Haupteslänge. Die in der Ecke auf den Steinen sitzende Gestalt wendet weder das mit einer phrygischen Mütze bedeckte Haupt zur Säule der Dreieinigkeit, welche weiter oben, ausserhalb der Mauer schwebend sichtbar wird, noch lehnt sie sich mit der rechten Schulter gegen die Mauer; sie sitzt vielmehr steif aufrecht und blickt schräg nach der gegenüber liegenden Ecke. „Auf erhöhtem Standpunkte", d. h. über der Mauer schwebend, ist dicht daneben die vierte Erscheinung, barhäuptig, in kurzem Gewande und im Gegensatz zum Texte mit weissen Schuhen dargestellt. Die Hände zum Gebet erhebend, wendet sie sich zur Säule der Dreifaltigkeit, welche einen Theil des die ganze Darstellung umgebenden Streifens bedeckt und über einer schlecht gezeichneten romanischen Basis einen buntbemalten Schaft mit einem Pinienapfel als Bekrönung aufweist. Eine auf dem gegenüber liegenden Mauerstücke stehende, der vorbeschriebenen ganz ähnliche Gestalt muss vom Zeichner irrthümlich hinzugefügt sein; im Texte haben wir wenigstens keinen Anhaltspunkt dafür finden können. Die Grösse dieser beiden letzterwähnten Figuren steht mit der der übrigen nicht im Einklange. Der grössere Maasstab ist aber wohl einfach darum zu erklären, dass ausserhalb des Viereckes mehr Platz war, als innerhalb desselben. Auf eine malerische Wirkung des Bildes hat der Zeichner hier, wie in den meisten Fällen, vollständig verzichtet. Wir haben eher einen Plan vor uns, als ein Bild, und der Eindruck des Ganzen ist daher ein durchaus nüchterner und unkünstlerischer.

Fol. 151ᵃ enthält auf einem schmalen, neben dem Texte leer gelassenen Raume, im Anschlusse an die siebente Vision das Bild einer stämmigen, romanischen Säule (fortissima columna) mit phallusartigem, oberem Abschluss. Dieselbe reicht nach unten zu bis unmittelbar an den Rand des Pergaments, nach oben zu bis in die Schrift hinein. Der Schaft ist in der Weise des romanischen Stiles bunt bemalt und wird beiderseitig durch schmale Streifen begrenzt, welche in Verbindung mit einem in der Mitte herablaufenden Streifen die Kanten (tres angulos habens) der Trinitätssäule bezeichnen sollen. Der Deutlichkeit halber sind die Beischriften: unus, secundus und tercius zugefügt. Rechts neben der Säule, ganz isolirt am Rande des Blattes, erscheinen die quatuor penne discissae in der Art gewöhnlicher Schreibfedern, mit zerzauster Fahne am oberen Ende, sowie links davon auf dem unteren Rande die ligna putrida und das putridum stramen, ersteres als ein Stück Flechtwerk aus sich kreuzenden, geraden Fasern, letzteres in der Gestalt eines aus gewundenen rothen und gelben Strichen zusammengesetzten Knäuels.

Liest man daneben die Schilderung des Gesichtes (Visio VII), welches mit allerlei phantastischen Einzelheiten hinsichtlich des Standortes der Säule, ihrer äusseren Eigenthümlichkeiten, der Lage der Federn, des Holzes und des Strohes in Beziehung auf die drei Seiten der Säule u. s. w., erfüllt ist, so wird offenbar, dass die vorliegende Zeichnung abermals nichts als einen oberflächlichen Hinweis auf den Inhalt der siebenten

Vision giebt. Die Mangelhaftigkeit des zur Verfügung stehenden Raumes mag wohl die Hauptveranlassung dazu gegeben haben, denn die stofflichen Schwierigkeiten sind nicht grösser, als in den übrigen Gesichten.

In derselben Weise ist die Illustration zur achten Vision behandelt. Das kleine Bild auf fol. 156ᵃ, zu Beginn des Textes eingefügt, zeigt links die Dreieinigkeitssäule zum vierten Male in anderer Gestalt gezeichnet. Dass dieselbe nach der Beschreibung der vorangehenden Vision dreikantig wiederzugeben war, hatte der Zeichner vergessen und stellte sie in schlanker Gestalt mit kegelförmigem oberem Abschlusse und in der Mitte entlang laufendem, buntem Streifen dar. In einiger Entfernung erblicken wir als Gegenstück eine zweite Säule (magna et obumbrata columna) von schwerfälligen Verhältnissen und oben mit einer Kalotte bedeckt. Auch diese ist der Sitte der Zeit entsprechend, trotz der vorstehend angeführten Beischrift bunt bemalt. An dieselbe lehnt sich von links her, mit dem Fusse des einen Holmes sich gegen die Dreieinigkeitssäule stemmend, eine breite, grüne Leiter mit sechs Sprossen, zwischen welchen auf blauem Grunde die Brustbilder von fünf weiblichen Gestalten (ascensus et descensus virtutum dei) mit verhülltem Kopfe, und Steine auf der Schulter tragend, sichtbar werden. Die Auffassung des Zeichners ist hier sehr eigenthümlich. Die Textstelle, welche berichtet, dass die göttlichen Tugenden innerhalb der Säule auf und ab steigen, legt sich derselbe so zurecht, dass er eine umgeklappte Leiter ausserhalb der Säule anbringt und die Oeffnungen zwischen den Sprossen benutzt, um die Bilder der Tugenden darin zur Anschauung zu bringen. Dass die Leiter in dieser gedrehten Lage nicht stehen kann, kümmert ihn dabei ebenso wenig, wie dass nur fünf göttliche Tugenden statt der sieben, die der Text erwähnt, sichtbar werden. Obgleich die Tugenden einzeln ausführlich beschrieben und in ihrem Aussehen charakterisirt werden, bleibt doch die Darstellung auch hier wieder so gut wie Alles schuldig. Für die auf der dicken Säule erscheinende pulcherrima imago hat offenbar der Platz gefehlt.

Die Illustration zur neunten Vision nimmt, während auf dem rechten die Schrift beginnt, den linken Columnenraum von fol. 167ᵇ ein. Die Seherin schildert zunächst, wie sie jenseits der Säule der göttlichen Menschwerdung an der Mauer des viereckigen Gebäudes einen hohen Thurm von strahlendem Aussehen erblickt habe. Zwischen dem Thurme und der Säule seien ferner die Fundamente für eine noch im Baue begriffene Mauer — als murus speculativae scientiae bezeichnet — sichtbar geworden. Der Thurm aber sei gleichfalls noch unvollendet und vieles Handwerkervolk mit Eifer daran beschäftigt erschienen. Oben sei derselbe ringsum mittelst sieben Thürme oder Erker (propugnacula) von wunderbarer Widerstandskraft stark befestigt gewesen, und innerhalb des Gebäudes sei eine Mauer an den Thurm gelehnt gestanden, die hinaufgereicht habe bis zur Spitze, während auf den Sprossen zahlreiche Menschen mit feurigen Gesichtern, bekleidet mit weissen Gewändern und mit schwarzen Schuhen an den Füssen erschienen seien; einer darunter aber habe strahlender und grösser ausgesehen, als alle übrigen, die den Blick auf den Thurm geheftet hielten. Weiter erzählt die Seherin von den aus- und eingehenden Menschen, wie die, welche das Gebäude betraten, mit köstlichen Gewändern geziert worden seien u. s. w. Die Darstellung lässt dies Alles unberücksichtigt und nimmt die Schilderung erst wieder auf, als erzählt wird, dass innerhalb des Gebäudes sieben weisse Marmorsäulen, wunderbar rund gemeisselt, erschienen seien und dass dieselben eine Art eisernes, rundes Täfelwerk getragen haben, auf dessen Scheitel eine herrliche Erscheinung zu sehen gewesen. Dieselbe sei nur das Haupt von solchem Glanze umstrahlt worden, dass man kaum habe hinsehen können, und habe die Hände im Gebet mit dem Rücken vor die Brust gehalten; die Füsse aber seien im Täfelwerke verschwunden. Und eine Art Kronreif von strahlendem Scheine habe das Haupt, sowie eine goldene Tunika mit reich besetzten Streifen den Körper umgeben.

Von den übrigen wundersamen Erscheinungen, über die im weiteren Verlaufe des Gesichtes berichtet wird, können wir schweigen, da der Zeichner dieselben nicht zur Darstellung gebracht hat. Derselbe hat aus der Fülle des Stoffes nur die beiden oben im Auszuge gegebenen Theile herausgegriffen und ebenso, wie bei den meisten vorbesprochenen Bildern, gänzlich darauf verzichtet, die im Texte gegebenen örtlichen Beziehungen zum viereckigen Gebäude auch nur flüchtig anzudeuten. So zeigt er oben den „strahlenden" Thurm und darunter ohne Zusammenhang die herrliche Erscheinung auf den von den sieben Säulen getragenen Täfelwerke. Beide Bilder sind äusserst schwach ausgefallen. Der Thurm ist mit einer viereckigen Oeffnung versehen, innerhalb welcher die Leiter, wie auf dem vorhergehenden Bilde, schräg nach rechts gelehnt erscheint, und zwar in derselben aufgekippten Weise, welche es dem Zeichner möglich macht, die Imagines statt auf den Sprossen stehend, zwischen denselben abzubilden. Fünf phantastische Aufsätze oben und zwei thurmartige Vorlagen zur Seite entsprechen den septem propugnaculis des Textes. Innerhalb des leeren Raumes hinter der Leiter sind die Fundamente der „Mauer der speculativen Wissenschaft" in Form von roth-geränderten, durchgehenden Treppenstufen zur Darstellung gebracht. Dass der Zeichner die innerhalb der Sprossen gezeichneten Figuren ganz frei, ohne Rücksicht auf die Beschreibung, zum Theil als ganze Gestalten, zum Theil als Brustbilder in beliebiger bunter Kleidung wiedergibt, dass er die Hervorhebung der einen Erscheinung übersieht, dass die Imagines nicht auf den Thurm hinschauen, sondern sich mit einander zu unterhalten scheinen, dieser und mancher andere Verstoss gegen den Wortlaut und Sinn des Textes kann nicht mehr auffallen, nachdem an so vielen ähnlichen Beispielen bereits nachgewiesen ist, wie sorglos der Zeichner seine Aufgabe aufgefasst hat.

Die untere Darstellung auf unserem Blatte liefert weitere Beweise in dieser Richtung. Zunächst hilft sich der Zeichner über die perspektivische Schwierigkeit, sieben Säulen zu zeichnen, die ein rundes, horizontal liegendes Täfelwerk tragen, in bewährter Weise dadurch hinweg, dass er letzteres im Grundrisse darstellt und die Säulen im

Aufriss rings herumgruppirt zeichnet. Der tabulatus wird somit nicht von den weissen Säulen getragen, sondern die blaugefärbte Platte erscheint wie im Mittelpunkte eines Radfensters, dessen Speichen die Säulen bilden*). Die weitere Schwierigkeit, auf dieser im Grundriss gezeichneten Platte eine stehende Figur zur Darstellung zu bringen, wird ebenfalls mit Hilfe des Umlegens in den Grundriss gelöst. Die Haltung der Hände**) und die Anbringung der Krone sind das Einzige, was diese Gestalt mit der Textschilderung gemein hat. Wenig feierlich macht sich dabei die kurze fränkische Tunika, die der Zeichner fast durchgängig den überirdischen Gestalten beigelegt hat. Das lange Gewand der Vornehmen würde dieselben wenigstens in eine etwas höhere Sphäre erhoben haben. Beim unteren Bilde ist die Beischrift, die hier besonders nöthig gewesen wäre, offenbar aus Vergesslichkeit weggelassen.

Auf den beiden gegenüberstehenden Seiten fol. 176ᵇ und 177ᵃ sind die Illustrationen zu drei Visionen vereinigt, und zwar wird auf der linksseitigen Hälfte der ersteren der Anfang der vierten, in der rechtsseitigen Hälfte der der zehnten Vision wiedergegeben, während die ganze rechte Seite den Schilderungen der elften Vision gewidmet ist. Warum diese Illustrationen nicht an den betreffenden Stellen im Text untergebracht, sondern hier vereinigt sind, dürfte nur daraus zu erklären sein, dass bei der Niederschrift des Textes noch kein bestimmtes Programm für die Bilder des dritten Theiles entworfen war, diese beiden Seiten also wahrscheinlich aufs Gerathewohl leer gelassen worden sind. Der Zeichner mag, als er an diese Stelle kam, wohl ausserdem das Bedürfniss, die bis dahin übergangene vierte Vision nachträglich mit einer Illustration zu bedenken, empfunden und eine halbe Seite für die elfte Vision ausreichend gefunden haben.

Vierte Vision. „Und ich sah etwas wie eine stahlfarbene Säule draussen an der strahlenden Seite der Mauer des viereckigen Gebäudes, wunderbar anzuschauen und so gross, dass ich ihr Mass nicht ermessen konnte. Die Säule hatte aber drei scharfe Kanten, nach Osten, Westen und Mittag weisend, und aus einer derselben gingen Zweige hervor, die vom Fuss bis zur Spitze reichten; und auf diesen sassen: zu unterst Abraham, darüber auf dem zweiten und dritten Ast Mose und Josua, auf den übrigen die Propheten und Patriarchen nach der zeitlichen Ordnung, jeder auf seinem Zweige.“ Die Seherin verkündet nun in gewohnter Ausführlichkeit die Eigenthümlichkeiten der drei Seiten und hebt u. a. bei der dritten hervor, dass dieselbe bogenförmig gekrümmt erschienen sei, die einzige Eigenschaft, die der Zeichner wiederzugeben versucht hat. Auf der Spitze der Säule aber, die von unbeschreiblicher Gluth gestrahlt habe, sei eine Taube sichtbar geworden mit einem goldenen Zweige im Schnabel. „Und ich sah eine blendende Erscheinung auf dem Pflaster des Gebäudes vor der Säule stehen . . . und ringsumher eine

---

*) Dass die Beliebtheit der Radform (s. oben S. 45) hierbei mitspielt, ist sehr wahrscheinlich.

**) Dieselbe Betbewegung findet sich auf dem Bilde der Maria fol. 4ᵃ, und des vivens lucidus fol. 111ᵃ sowie auch sonst noch vielfach bei kleineren Figuren innerhalb unserer Handschrift.

Schaar Engel in Anbetung versunken, daneben aber auch Menschen in dunkeln Kleidern und von Furcht bewegt."

Mit gewohnter Naivetät umgeht der Zeichner auch diesmal die grossen Schwierigkeiten in der Darstellung der oben auszugsweise wiedergegebenen Gesichte (Abbild. auf Taf. 16). Zunächst stellt er die Säule weder strahlend, noch dreieckig dar, sondern an den Rändern grün gesprenkelt, sodann in der Mitte leiterartig durchbrochen, und mit den Brustbildern von Abraham, Mose, Josua, und sechs Propheten und Patriarchen gefüllt. Die aus der einen Seite der Säule herauswachsenden Aeste sind also ebenso fortgefallen, wie die übrigen im Texte gegebenen Eigenthümlichkeiten der drei Seiten. Ausser den erwähnten drei alttestamentlichen Helden sind dargestellt und durch Beischrift bezeichnet: Samuel, David, Esaias, Jeremias, Daniel und Abacuc, alle mit Nimben in den verschiedensten Farben und mit verschiedenen Kopfbedeckungen versehen, Josua, Esaias und Daniel mit Mitra, Abraham und Jeremias mit einer phrygischen Mütze, Moses*) und Abacuc mit spitzer Kappe, Samuel mit Judenhelm und David mit der Krone. Nebenbei ist auch bei den Gesichtern eine gewisse Individualisirung versucht. Zuoberst auf der Säule erblickt man schliesslich die Taube Noä in medaillonartiger Umrahmung, von oben nach unten fliegend und mit einem Zweige im Schnabel.

An der rechten Seite der Säule ist die bogenartige Krümmung durch eine dreieckartige Ueberhöhung wiederzugeben gesucht. Unmittelbar daneben hat der Zeichner die übrigen Erscheinungen dieser Vision untergebracht, und zwar in Rücksicht auf den Platz anstatt nebeneinander, übereinander: zu unterst die „blendende" Erscheinung als einen alten Mann mit Heiligenschein in gewöhnlicher bunter Kleidung, darüber drei Engel mit Flügeln, sodann drei weibliche Gestalten mit Kopftüchern, darüber wieder drei Männer und zuoberst drei Jünglinge, sämmtlich mit verschieden gefärbten Nimben versehen, den Blick auf die Säule richtend und statt in tenebrosas vestes, in bunte Gewänder gekleidet.

Die nebenstehende, äusserlich von der vorstehend beschriebenen nicht getrennte Illustration zur zehnten Vision besteht aus zwei unzusammenhängenden Theilen, von denen der obere an folgende Erzählung anknüpft: „Und ich sah oben in einer Ecke des Gebäudes sieben Stufen aus weissen Steinen, bogenförmig gekrümmt, und über denselben einen Thron, auf dem eine vornehme, bleiche Jünglings-Gestalt mit langen, schwarzen Haaren und in eine purpurne Tunica gekleidet sass; vom Nabel abwärts aber entzog sich dieselbe meinen Blicken." Christus, am Kreuznimbus, dem Buch und dem getheilten Barte kenntlich, erscheint hiernach oben im Bilde, in der gewöhnlichen Auffassung des Thronenden, ohne weitere Rücksicht auf die Worte des Textes. Bei der Wiedergabe der bogenförmig gekrümmten Stufen nimmt der Zeichner wieder zu dem erprobten Auskunftsmittel der

---

*) Derselbe erscheint wie gewöhnlich mit grossen Stierhörnern an den Schläfen („facies cornuta").

Grundrissdarstellung seine Zuflucht, sodass dieselben als sechs concentrisch um Christi Füsse gelegte Halbkreise erscheinen.

Ebenso flüchtig wird mit dem zweiten Theile des Gesichtes verfahren. „Und auf dem Pflaster desselben Geländes bemerkte ich drei Gestalten nebeneinander stehend und aufschauend zu Dem, der auf den Stufen thronte. Gen Norden aber zwischen dem von diesem ausgehenden Strahlenkranze und dem Gebäude erschien ein Rad, aus dem Einer bis zur Brust heraussehaute, in der Luft hängend. Und eine andere Gestalt erschien auf dem Pflaster und sah heiter zu der strahlenden Jünglingsfigur hinüber." Hiernach folgt die übliche Ausmalung der einzelnen Erscheinungen in umständlichster Weise.

Vergleichen wir unsere Darstellung, so sehen wir innerhalb der umgeklappten Mauer zu unterst eine Figur ganz in der Art des nebenan am Fusse der Dreieinigkeitssäule stehenden alten Mannes, während darüber drei kleinere Gestalten, mit kurzer Tunica bekleidet und in eifrigem Gespräch begriffen, neben dem wunderbaren, schwebenden Rade stehend, sichtbar werden; innerhalb des letzteren schliesslich ist ein Jüngling mit ausgebreiteten Armen dargestellt. Dies ist Alles. Von den im Text gegebenen Beziehungen der einzelnen Erscheinungen zu einander, oder von irgend einer Gruppirung in künstlerischem Sinne ist auch hier keine Spur zu finden.

Fol. 177ª: Der Zeichner führt uns zunächst links oben die zu Beginn der elften Vision geschilderten Thiererscheinungen vor, welche je einen von fünf Berghäuptern ausgehenden Strick im Maule halten. „Und das eine Thier war wie ein feuriger aber nicht brennender Hund, eines wie ein Löwe von fahler Farbe, ein anderes wie ein bleiches Pferd, wieder ein anderes wie ein schwarzes Schwein, das fünfte wie ein grauer Wolf." Von vorstehenden Eigenschaften ist zwar nichts an den Thieren wiedergegeben, dagegen ist das Streben, die Formen derselben richtig darzustellen, besonders bei dem Pferd und Schwein unverkennbar. Die Bestien sind alle in gleicher Grösse dargestellt mit dem Kopf nach unten und den Beinen nach oben. Die fünf Bergspitzen, um welche je eins der in den Thiermäulern endigenden fünf Taue herumgeschlungen erscheint, erheben sich eine neben der andern zuckerhutartig oberhalb zweier Reihen von bunten Hügeln. Rechts oben daneben wird die Jünglingsgestalt der vorigen Vision wieder sichtbar. „In purpurner Tunica und um den Unterleib herum von einer Art Aurora umgeben, welche dort wie eine Leier mit ihren Seiten querüber liegend erschien". Um die nachfolgende, von der Seherin gegebene Erläuterung dieses geheimnissvollen Bildes hat sich der Zeichner nicht gekümmert, sondern den „strahlenden" Jüngling auf einer rothen Scheibe sitzend, in blauem Unterkleid, grünem Ueberwurf und phrygischer Mütze, lustig auf einer Dreh-Guitarre spielend, dargestellt. Es ist dies eine der höchsten Leistungen, welche die Naivetät des Zeichners bei den vorliegenden Illustrationen zu Wege gebracht hat. „Aber auch das weibliche Wesen, welches vorher vor dem Altare erschienen war, trat wieder auf, und hatte um den Unterleib herum verschiedenartige, schuppige Flecken, und vorn vor dem Bauche ausserdem ein ungeheuerliches, ganz schwarzes Haupt mit feurigen Augen und Ohren, letztere wie beim Esel geformt, Nase und Rachen aber wie beim Löwen, weit aufgerissen mit eisernen, schrecklich spitzen Zähnen . . . . und siehe dies Haupt löste sich mit solcher Gewalt plötzlich von seiner Stelle los, dass das Weib in allen Gliedern erzitterte; und ein grosser Klumpen Koth vereinigte sich damit. Da nun das Haupt versuchte, von einem hohen Berge aus des Himmels Höhe zu ersteigen, schleuderte ein plötzlicher Donnerschlag dasselbe mit solcher Gewalt zurück, dass es vom Berge herabfiel und den Geist aushauchte. Darauf umhüllte sich der Berg mit stinkendem Nebel, und das Haupt erschien derart mit Koth umgeben, dass die Beistehenden in gewaltigen Schrecken geriethen."

Diese im Text von ausführlicheren Einzelschilderungen begleiteten Vorgänge bieten der Darstellung so unüberwindliche Schwierigkeiten, dass es nicht Wunder nehmen kann, wenn auf unserer Illustration nur die Oberfläche der Erzählung gestreift ist. Das wunderbare Weib mit den in verschiedener Weise ausgebildeten Theilen des Leibes und der Beine erscheint einfach in der Gestalt einer Matrone in grauem Kleide und blauem, über den Kopf gezogenem Mantel, mit den Händen lebhaft gestikulirend. Das monströse Haupt ist wie ein Schild vor dem Leibe angebracht und entbehrt so gut wie aller im Text angegebenen Schrecklichkeiten. Zu unterst im Bilde thürmen sich in der bekannten coulissenartigen Weise eine Anzahl bunter Berghäupter über einander, auf denen dasselbe Fratzengesicht in Vorderansicht gezeichnet ruht. Fünf an denselben aufrecht stehende Strahlenbüschel, welche in fünf rothe, trompetenartig sich erweiternde Röhren hinein- reichen, sollen offenbar die Donnerstimmen andeuten, welche von dem als gelb und roth gestreifte Scheibe dargestellten Himmel ausgehen und das greuliche Haupt von den Bergen in den Abgrund hinabschleudern. (Denselben Röhren sind wir oben bereits bei dem obersten Wetterbilde auf fol. 2ᵇ begegnet. Der Beischrift zufolge, sollen dieselben dort in Verbindung mit dem runden Gesichte den Blitz darstellen, da jedoch die mit tonitrua bezeichnete Darstellung weit besser zu der Erscheinung des Blitzes passt, liegt die Ver- muthung nahe, dass einfach die Beischriften verwechselt sind.) Ein drittes Mal hat das Haupt mit geschlossenen Augen, verkehrt daliegend in der Mitte des Bildes, zu unterst am Fusse der Berge seinen Platz gefunden. Links daneben erscheinen zwei Greisengestalten mit Krückstock in der Hand, das Haupt vom Nimbus umgeben und durch Beischrift als Enoch und Helias bezeichnet. Dieselben stellen einerseits die beim Sturze des Hauptes in Schrecken versetzte Menschheit dar, andererseits entspricht ihr Auftreten dem im 39. Kapitel dieser Vision gegebenen Hinweise auf die beiden apokalyptischen Zeugen, die der Herr bewahrt hat, um die Irrenden auf den Weg der Wahrheit zurückzuführen.

Die zwölfte Vision beschäftigt sich mit dem Weltende und dem jüngsten Ge- richt. Wie gewöhnlich, wird im Texte zuerst verhältnissmässig kurz der Inhalt des Ge- sichtes geschildert, und eine ausführliche Erklärung des Geschenen darangeknüpft. Der ganze Vorgang, wie er von der Seherin in Anschluss an die überlieferten Vorstellungen erzählt wird, lässt sich in sechs Theile zerlegen: 1) Eine gewaltige Erschütterung bringt die Elemente in Aufruhr, und alles auf der Erde geht zu Grunde. 2) Die Seelen werden zur Auferstehung geweckt; die Guten in Klarheit leuchtend, die Bösen schwarz erscheinend, alle aber in ihrer früheren menschlichen Gestalt, erheben sich, wo immer in der Erde sie sich befinden. 3) Der Menschensohn tritt mit den geöffneten Wundmalen und umgeben von den Engelchören, auf glänzendem Throne sitzend in Erscheinung. 4) Diejenigen, welche als gut oder böse bezeichnet waren, werden wie im Sturm in den Himmel oder in die Hölle entrückt*), diejenigen aber, welche zwar als gut, aber nicht als im Glauben befindlich, bezeichnet waren, stehen ferne im Norden bei der teuflischen Schaar und werden vom Gerichte ausgeschlossen**). 5) Nach erfolgtem Gerichte herrscht im Himmel unbeschreibliche Freude, in der Hölle unbeschreibliche Qual. 6) Die Elemente lösen sich auf in den Urzustand, der Unterschied von Tag und Nacht verschwindet.

Was zunächst hierbei auffällt, ist das Einfügen der Gruppe derer, welche, da sie nicht im Glauben gestorben, zwar vom Gerichte ausgeschlossen sind, andererseits aber als gut Bezeichnete nicht zu den Verworfenen, die von vornherein für die Hölle bestimmt waren, gehören. Sodann vermissen wir in dem Bericht der sonst mit Einzelschilderung so freigebigen Seherin das Eingehen auf die aus den früheren Beschreibungen und Darstellungen des Weltgerichts her bekannten Erscheinungen der Beisitzer beim Gericht, der posaunenden Engel, des Feuerstromes, der Freuden im himmlischen und der Strafen im höllischen Reiche, der Seelenwägung u. s. w.***) Sei es nun, dass der Mangel an Anschaulichkeit in den Worten der Vision die Schuld trägt, sei es, dass der Zeichner sich an die schwierige Aufgabe nicht heranträute, eine Darstellung des jüngsten Gerichtes, wie solche z. B. im Hortus der Herrad und im gleichzeitigen Stuttgarter Psalter des Landgrafen Hermann von Thüringen versucht worden, und auch im Wiesbadener Scivias vorhanden ist, fehlt in unserer Handschrift, und der Zeichner beschränkt sich darauf, am Schlusse des Textes der zwölften Vision auf fol. 196ᵃ, Christum als Mittelpunkt eines Rades, von Seligen und Heiligen umgeben, darzustellen. Die Gestalt des Weltenrichters mit Buch und Krone hebt sich hier von einem blauen, kreisförmig begrenzten Grunde ab, auf welchen sechs romanische Säulen speichenartig zulaufen. Dazwischen erscheinen zu je drei gruppirt "die Blumen des Herrn", theils in männlicher, theils in weiblicher Gestalt, der Bischof an der Mitra kenntlich, der König an der Krone, der Mönch an der Tonsur.

---

*) Die Schnelligkeit, mit der das Gericht vor sich geht, wird auch in dem oben (S. 73) erwähnten Traumgesichte des Mönches Bernhard i. d. Cas. Mon. Petrish. hervorgehoben (M. G. SS. XX, 652).

**) Es ist nicht recht klar, was darunter zu verstehen ist (trotzdem es XI. Kapitel eine nähere Erklärung folgt), ob die nicht im Glauben an den lebendigen Gott Verstorbenen ohne Gericht selig werden, oder, trotzdem sie nicht zu den Schlechten gehören, der Verdammniss anheimfallen.

***) Näheres darüber in G. Voss, Das Jüngste Gericht in der bibl. Kunst des frühen Mittelalters. Leipzig 1884.

Ein zweiter concentrischer Ring enthält acht Gruppen von je zwei mit bunten Nimben versehenen Heiligengestalten, gleichfalls mit allerlei Kopfbedeckungen und von verschiedenem Geschlechte.

Mit diesem abermals in die beliebte Radform gebrachten Bilde endigen die Illustrationen unseres Buches, die wir noch in Bezug auf Zeichnung und Färbung einer kurzen Betrachtung zu unterziehen haben. Bei den vorstehenden Beschreibungen der einzelnen Bilder ist mehrfach Gelegenheit gewesen, zu bemerken, wie skizzenhaft dieselben entworfen sind, und wie wenig auf malerische Wirkung hingearbeitet worden ist. Die Illustrationen erheben nicht den Anspruch, die phantastischen Visionen in Wirklichkeit zu übersetzen und ein anschauliches Bild der überirdischen Vorgänge zu liefern, sondern begnügen sich mit mehr oder minder flüchtigen Andeutungen. Da ausserdem das dramatische Element, welches den Offenbarungen Sanct Johannis in so reichem Maasse innewohnt, den Gesichten der heiligen Hildegard fast gänzlich abgeht, und hier statt der derben, mit breitem Pinsel entworfenen apokalyptischen Bilder, umständliche, mit weiblicher Genauigkeit detaillirte Schilderungen vorherrschen, so war einestheils für den Illustrator selten Gelegenheit vorhanden, einheitlich geschlossene Compositionen zu bilden, anderntheils ein summarisches Verfahren geboten, falls die Zeichnung nicht an der Ueberfülle der Einzelheiten ersticken sollte. Dass der Zeichner dennoch an vielen Stellen in der einen oder anderen Richtung künstlerischer hätte verfahren können, steht ausser Zweifel und ist an den betreffenden Stellen gebührend hervorgehoben worden. Von dem Gefühle der Undankbarkeit seiner Aufgabe durchdrungen, hat derselbe im Ganzen auf eine mehr als oberflächliche Uebereinstimmung von Wort und Bild verzichtet und selbst in solchen Fällen, wo es ein Leichtes gewesen wäre, das Aussehen der Figuren dem Texte anzupassen, jeden ernsthaften Versuch dazu unterlassen.

Dem entsprechend ist auch die Zeichnung der Bilder eine flüchtige und skizzenhafte. Dieselben rühren sämmtlich von einer Hand her, wie aus zahlreichen Eigenthümlichkeiten in der Zeichnung der Gesichter, der Arme und Beine, der Gewänder, der Architekturformen u. s. w. unzweifelhaft hervorgeht. Am sorgfältigsten ist der Zeichner bei den innerhalb des Initials I auf fol. 4ᵃ erscheinenden Figuren verfahren, am flüchtigsten bei den letzten beiden grossen Illustrationen. Es hat dabei den Anschein, als ob die Illustrationen frei und ohne Vorzeichnung entworfen wären, und zwar von einer geübten, sicheren Hand, welche über eine für die damalige Zeit nicht geringe Formengewandtheit verfügte. Dass, ausser bei den beiden ersten Bildern, Vorlagen einer anderen Handschrift für die Illustrationen benutzt worden sind, scheint unwahrscheinlich; dieselben machen vielmehr den Eindruck unmittelbarer Erfindung und Hervorbringung.

Das Figürliche ist meist in richtiger Proportion und Bewegung gezeichnet, doch fehlt es nicht an zu gross oder zu klein gerathenen Gliedmassen und hier und da taucht auch eine jener verrenkten Kopfhaltungen auf, die im XIII. Jahrhundert epidemisch werden. Der Gesichtsausdruck ist nicht selten von überraschender Wahrheit, selbst bei den Figuren sehr kleinen Maßstabes mannigfach variirt, und durch wenige, mit feinster Feder gezogene Linien hervorgebracht. Der Zeichnung der Haare ist eine besondere Sorgfalt gewidmet, und nicht nur zwischen glattem und gelocktem Haupt- oder Bartschmuck unterschieden, sondern auch innerhalb dieser beiden Arten sind mancherlei Abstufungen angedeutet worden. Die Faltengebung ist im Allgemeinen die conventionelle, aber frei von Uebertreibung. Die Rundung der Kniee wird dabei stark betont, ebenso der Ansatz der Oberschenkel und der Arme, die untere Bauchrundungslinie und die Schossvertiefung sodann tritt das Schematische in der häufigen Wiederkehr bestimmter Faltenmotive an den unteren Enden der Gewänder bei stehenden und sitzenden Figuren deutlich hervor, anderseits fehlt es aber auch nicht an Beispielen, wo die Manier fast ganz hinter einer wohldurchdachten, natürlichen Faltengebung zurücktritt, so z. B. bei den Medaillonbildern im I auf fol. 4ᵃ, und bei den meisten Figuren auf fol. 142ᵇ. Wesentlich beeinträchtigt wird die Wirkung der Falten durch die bei der Mehrzahl der Bilder an Stelle vollständiger Bemalung angebrachten bunten Striche. Dieselben umziehen nicht nur die Umrisse der Figuren, sondern sind auch zur Betonung der Hauptfalten verwendet, in den meisten Fällen aber so flüchtig und zugleich so derb aufgetragen worden, dass die zart gezogenen ursprünglichen Faltenlinien vollständig darunter verschwinden. Neben dieser bereits bei Besprechung des Rohudliedes in ältern Handschriften nachgewiesenen Colorirungsweise tritt auf fol. 111ᵇ und den beiden gegenüberstehenden Blättern am Schluss des Werkes die andere Methode, den Localton über die ganze Fläche zu streichen, auf. Ein Nachziehen der Faltenlinien ist hier nicht erfolgt, doch sind das Roth und Blau so deckend, dass jene darunter kaum zum Vorschein kommen.

Die Palette des Malers begnügt sich in der Hauptsache mit Roth, Blau, Grün und Gelb, letzteres bald etwas mehr nach Grau, bald etwas mehr nach Braun zu gebrochen; dabei erstreckt sich die Bemalung auf alle dargestellten Gegenstände, und nur die Fleischtheile zeigen durchweg den natürlichen Pergamentton. Zuweilen ist auch der Grund allein farbig angelegt, und die Zeichnung selbst ungefärbt gelassen, wie z. B. auf den beiden ersten Blättern bei den Schöpfungskreisen, der Gruppe des anuus, den Sternbildern u. a. s. O. m. Im Ganzen ist die Färbung als eine willkürliche zu bezeichnen und als eine rein dem Wohlgefallen an Buntheit Rechnung tragende Spielerei. Die oben mehrfach hervorgehobene Vorliebe für Zusammenstellung von Blau und Grün tritt auf dem ersten Bilde besonders deutlich hervor.

Die Linienführung ist, wie gesagt, eine sehr zarte und flotte; so zart stellenweise, dass sich leider eine jüngere Hand bewogen gefühlt hat, in der rohesten und unverständlichsten Weise die Hauptlinien nachzuziehen. Möglich, dass der Anfang dazu von dem Coloristen gemacht worden ist; wenigstens erscheint auf dem ersten Blatte derselbe schmutzigbraune Farbenton benutzt, welcher vielfach in den architektonischen Umgrenzungslinien vorkommt; ausserdem sind die Linien hier mit dem Pinsel gezogen. Auf dem zweiten Bilde tritt dagegen die ganze Rohheit dieses Verfahrens besonders bei den Figuren der Winde in den Ecken und bei den vier Witterungsgestalten hervor. Man kann neben den mit blauschwarzer Tinte gezogenen dicken Federstrichen noch vielfach die richtigen, zarten Linienzüge der ursprünglichen Zeichnung nebenherlaufen sehen. In derselben Weise ist fast mit sämmtlichen Bildern, welche getuschte Flächen enthalten, verfahren worden, während die nur mit bunten Contour- und Faltenstrichen colorirten Darstellungen glimpflicher weggekommen sind. Gänzlich unberührt davon geblieben ist nur das Radbild auf fol. 196ᵃ.

Auf die Mängel der Zeichnung hinsichtlich der Linearperspective und der architektonischen Formengebung ist oben an den betreffenden Stellen hingewiesen worden. Man könnte geneigt sein, aus dem Fehlen von gothischen Anklängen innerhalb unseres Werkes auf die Entstehungszeit desselben Schlüsse zu ziehen; es ist aber eine bekannte Thatsache, dass die Kunst, welche später die Renaissance-Formen in Deutschland zuerst einführte, sich der von Westen her eindringenden gothischen Formensprache gegenüber so conservativ verhielt, dass die romanische Stilrichtung in der Malerei bis über die Mitte des XIII. Jahrhunderts hinaus die Herrschaft behauptete. Aus diesem Grunde etwa unsere Handschrift noch in das XII. Jahrhundert setzen zu wollen, geht somit nicht an.

Das Landschaftliche tritt wie in der ganzen mittelalterlichen Kunst, so auch bei den Illustrationen unseres Scivias ganz in den Hintergrund. Wenn der Text es verlangt, entschliesst sich der Künstler zuweilen, einen Baum oder Strauch, wie z. B. auf dem ersten Blatte beim dritten Schöpfungstage und beim Sündenfalle anzubringen, man sieht es aber diesen unbeholfenen, stilisirten Gewächsen an, wie wenig Werth auf die Beobachtung und Wiedergabe der äusseren Natur gelegt wurde. Der Illustrator des Heidelberger Rolandsliedes steht in dieser Hinsicht auf derselben Stufe wie der des Scivias. Besonders schlecht ist auch die Zeichnung der häufig vorkommenden Berge ausgefallen; auf dem letzten grösseren Bilde erscheinen dieselben wie breite, schuppenartig neben und über einander gereihte Blätter mit nach vorn überfallenden Enden.

Für die Geschichte der Tracht gewährt unser Bilderkreis nur geringe Ausbeute. Die heiligen Personen erscheinen meist in Alba und Tunica mit übergeworfenem Pallium oder Schultermantel, die überirdischen Erscheinungen männlichen Geschlechtes in kurzer Aermeltunica mit enganschliessenden Beinkleidern und Schuhen, diejenigen weiblichen Geschlechtes im langärmeligen Kleide mit Kopftuch. Als Kopfbedeckung für die männlichen Figuren überwiegt eine nach Art der phrygischen Mütze vornüber hängende Kappe, daneben kommt der trichterförmige Judenhelm und die »spitze Mütze« häufig vor.

Bei einem Vergleich unserer Scivias-Illustrationen mit denen der Wiesbadener Handschrift ist zunächst zu Gunsten der letzteren die oben bereits erwähnte, gleichmässige Vertheilung der Bilder zu erwähnen. Dieselben waren hier von vornherein in den Plan des Ganzen aufgenommen, was bei unserer Handschrift, wie wir oben gesehen haben, keineswegs der Fall ist. Sodann ist sowohl hinsichtlich der Zeichnung, wie hinsichtlich der Färbung der Charakter der Bilder in beiden Handschriften ein sehr verschiedener. Haben wir es bei unseren Bildern mit flüchtigen, leichthin colorirten Zeichnungen zu thun, so ruht der Schwerpunkt der Wiesbadener Illustrationen in der sorgfältigen Malerei und dem miniaturartigen Eindruck des Ganzen. In dieser Hinsicht ist schon die häufige Verwendung von Gold und Silber im Wiesbadener Codex bezeichnend. Einzelne „strahlende“ Erscheinungen sind ganz in Gold untermalt, und die Linien der Zeichnung sind mit sicheren, schwarzen Strichen darauf gebracht. Meistens gelangen Gouache-Farben, welche aber oft ein schmutziges Ansehen haben, zur Verwendung. Deckweiss spielt nicht nur in den Lichtern eine Hauptrolle, sondern dient auch zur Zeichnung der Umrisse bei Gewändern und Gegenständen. Dabei geht der Maler im Wiesbadener Codex nicht weniger willkürlich mit den Farben um, wie dies in unserer Handschrift geschehen; rothe, grüne, blaue und braune Gesichter kommen vielfach vor. Das Faltenwerk, das Landschaftliche, das Perspektivische ist in beiden Handschriften gleich behandelt, und in dieser Hinsicht kein wesentlicher Unterschied zu verzeichnen; im Allgemeinen leiden die Wiesbadener Figuren an einer stärkeren Manierirtheit in den Verhältnissen und Stellungen. Auf den Gesichtsausdruck ist von beiden Künstlern gleicher Werth gelegt worden, doch erscheinen die Wiesbadener Illustrationen den Heidelbergern hierin eher noch überlegen, wie z. B. das Bild des Gekreuzigten auf fol. 85ª der erstgenannten Handschrift darthut. Die Wiesbadener Bilder sind durchweg von einer farbigen Umrahmung umgeben, die offenbar von älteren, der karolingisch-ottonischen Periode angehörigen Handschriften entlehnt erscheint. Ueberhaupt ist in der ganzen Ausstattung der Handschrift die bewusste Nachahmung älterer Prachthandschriften unverkennbar, während für die Illustrationen des Heidelberger Scivias vielmehr ein direkter Zusammenhang mit den oben bei der Betrachtung des Bilderkreises unseres Rolandsliedes angeführten Beispielen eigenartiger Kunstbestrebung auf deutschem Boden anzunehmen ist. Dabei ist nicht zu übersehen, dass der Zeichner des Scivias durch die religiöse Natur des Stoffes mehrfach auf die Anwendung älterer typischer Formen angewiesen war.

Es erübrigt noch, auf die kalligraphische Ausstattung unserer Handschrift einzugehen. Eine Anzahl der durch das Buch verstreuten Pracht-Initialen haben wir auf Tafel 17 zusammengestellt. Im Ganzen enthält dasselbe fünfzehn Initialen dieser Art zu Beginn der Visionen (auf foll. 5ᵇ, 16ᵇ, 22ᵃ, 35ᵃ, 42ᵃ, 46ᵃ, 100ᵇ, 124ᵃ, 130ᵃ, 135ᵇ, 142ᵇ, 151ᵇ, 156ᵃ, 193ᵇ, 196ᵃ). Der mit dem XII. Jahrhundert beginnende Verfall der Initial-Ornamentik tritt hier deutlich zu Tage*), indem die naturalistische Auffassung sich in den Vordergrund drängt und sich in der Verbindung unnatürlicher Pflanzen- und

---

*) Ueber die Initial-Ornamentik dieser Periode handelt kurz und treffend H. Janitschek a. a. O. S. 107 f., ausführlicher K. Lamprecht im 3. Abschn. seiner Initial-Ornamentik.

monströser Thierformen gefällt. Am Körper des Buchstabens treten zum Theil noch die alten karolingischen Füllungsmotive, aber in so missbildeter Form auf, dass sie kaum wiederzuerkennen sind; das zierliche Linienspiel ist verschwunden, alles erscheint massig und körperlich. Das mühsame Flechtwerk fehlt ganz, und die kunstreichen Verschlingungen der Ranken, durch welche z. B. die Initialen des Heidelberger Sacramentars sich auszeichnen, sind durch schwerfällige, mit Vorliebe der Spirale zustrebende Linienzüge verdrängt. An die Stelle des organischen Herauswachsens der Ranken ist die mechanische Verbindung durch einbeissende Thierköpfe getreten, an Stelle der zarten Blätter und Blüthen eine Anzahl frei erfundener, naturalistischer Phantasieblumen, die mit ihren langen fleischigen Lappen sich zwischen den Ranken hindurch und herumwinden. Statt der zierlich auslaufenden Rankenenden sehen wir Drachen und andere Fabelthiere ihre Leiber ausstrecken.

Eine Ausnahme von den übrigen Initialen macht das (auf unserer Tafel links unten wiedergegebene) D auf fol. 35ª. Dasselbe ist rein geometrisch aus vier gleichen Theilen, die miteinander verflochten erscheinen, zusammengesetzt, und läuft nach oben in eine aufrecht stehende Ranke aus. Dabei begegnen wir hier wieder dem Motiv der umgelegten, mit grossen Nägeln verzierten Spangen, welche die Bänder unterhalb der lilienförmigen Endung zusammenhalten. Dieser innerhalb der Handschrift alleinstehende Versuch einer strengeren, insbesondere des vegetabilischen und des phantastischen Thier-Elementes entkleideten Formgebung nimmt sich unter den übrigen Initialen nicht unvortheilhaft aus; andererseits wirkt aber die streng symmetrische Form zu nüchtern und verhüllt den Zug des Buchstabens zu sehr, als dass eine glückliche, nachahmenswerthe Neuerung darin erblickt werden könnte*).

Die Colorirung dieser Prachtbuchstaben ist eine äusserst kräftige und bunte. Grün, Roth und Blau spielen die Hauptrolle, daneben treten in den Rankenzügen und Blumen ein leichtes Orangegelb und in den Gründen ein dunkles Violett oder Blauschwarz auf. In umfassendster Weise ist Deckweiss zur Anwendung gelangt, nicht nur zur Belebung des bunten Untergrundes und der Hauptlinien des Buchstabens mittelst Sterne, Ranken, Punkte und Schnörkel allerlei Art, sondern auch zur Hervorbringung der Lichter auf dem Rankenwerk und den Blumenlappen, welche dadurch ein körperliches Aussehen erlangen. Silber und Gold fehlen ganz, während diese Farben bei den Initialen des Wiesbadener Scivias sehr verschwenderisch Verwendung gefunden haben. Die letzteren halten sich überhaupt, in Uebereinstimmung mit dem Stil der Illustrationen, mehr im Formen- und Farbenkreise der älteren Vorbilder aus der klassischen Zeit der Büchermalerei, ohne deren Schönheit in Folge mangelnder Schultradition auch nur annähernd zu erreichen.

---

*) Eine ähnliche Zusammenstellung von naturalistischen und geometrischen Initialformen enthält, den in K. Lamprecht's Initial-Ornamentik auf Taf. 34 und 35 gegebenen Proben zufolge, das Ms. theol. 275 des Kölner Stadtarchivs (XII. XIII. s.).

Neben den vorbeschriebenen buntfarbigen Zierbuchstaben unserer Handschrift, finden sich als Ersatz dafür, gleichfalls zu Beginn der Visionen einzelne grosse Capitalen, meist nur in zwei Farben, grün und roth, gezeichnet, mitunter auch noch blau daneben aufweisend. Die Verzierung besteht in der seit dem Ende des XII. Jahrhunderts auftretenden Umränderung des Buchstabenkörpers mit anders gefärbten einfachen Linien, die in allerlei Verschnörkelung auslaufen und erwünschte Gelegenheit zur Anbringung von Blumen- und Thierformen, Fratzen und dergl. Spielereien mehr bieten. Daneben werden die Zwischengründe mit verworrenen Linienverbindungen erfüllt, welche zuweilen Anklänge an das Ranken- und Blumenwerk der Prachtinitialen enthalten, meistens aber in ihren Motiven kaum zu unterscheiden sind. In derselben Weise sind die zahlreichen kleineren Anfangsbuchstaben im Texte behandelt, nur dass hier die Verzierung des Innenraumes der Buchstaben gewöhnlich wegfällt, und innerhalb der Zeilen eine Beschränkung des Schnörkelwesens sich von selbst ergiebt. Dafür macht sich letzteres zu Beginn der Zeilen um so lustiger breit, und ein zügelloser Humor ergeht sich in der Anbringung von Gesichtern und Fratzen, die mit dem Ernste der danebenstehenden Erzählung in sonderbarem Gegensatze stehen. Dieser unserem modernen Empfinden befremdlich erscheinende Kontrast findet sich zur Zeit des Ausganges der romanischen Kunst als charakteristischer Zug auf allen Gebieten der Plastik und Malerei und hat sich bis weit in die neuere Zeit hinein bewahrt. Die angeborne Naivität des Zeitalters spiegelt sich darin wieder, zugleich aber auch ein individuelles Leben, welches mit dem späteren Aufschwunge der Kunst im engsten Zusammenhange steht.

Derselben Zeit ungefähr (Wende des XII./XIII. Jahrhunderts), wie das vorstehend beschriebene Ms., gehört eine in drei Folio-Bände vertheilte Pergament-Handschrift der

X. Expositio psalmorum Aurelii Augustini Epi
(Sal. X, 10)

an. Jeder der drei stattlichen Bände — der erste ist von etwas höherem Formate, als die beiden anderen — enthält 50 Psalmen nebst den dazugehörigen Erläuterungen und jeder ist von einer anderen Hand im Kloster Salem geschrieben. Der Schreiber des dritten Theiles nennt sich am Schlusse:

Scripsit *adelbertus* incommoda multa repertus

Hoc opus hic *solen*, cia eanunus Amen.

Der erste Band weist nur einfarbige und zweifarbige, mit Schnörkellinien umränderte und erfüllte Initialen in der Art der im Liber Sevins zuletzt beschriebenen Zierbuchstaben auf. Dagegen sind die beiden anderen Bände mit grossen, bunten Initialen reich verziert. Das Hauptinteresse nimmt in dieser Beziehung der zweite Band in Anspruch; aus

14*

diesem sind auch die acht Initialen gewählt, welche wir auf Taf. 18 zusammengestellt haben. Im Allgemeinen sehen wir dieselbe naturalistische Behandlungsweise des Rankenwerkes, dieselbe Constructions- und Verzierungsweise des Buchstabenkörpers, sowie dieselbe Vorliebe für Anbringung phantastischer Thierformen, wie bei den Initialen auf der vorangehenden Tafel. An die ältere Verzierungsweise erinnert dagegen die reichliche Verwendung der Knollen seitlich an den Rankenzügen und die mannigfaltigere Verzweigung der letzteren. Ausserdem tritt das figürliche Element neu hinzu. Mit grossem Geschick erscheinen ganze Menschengestalten in den verschiedenartigsten Stellungen und Thätigkeiten theils in den Körper, theils zur Unterbrechung des Rankenwerkes in die Füllungen des Buchstabens eingefügt, doch handelt es sich dabei nicht um „lettres historiées", sondern nur um die Anwendung eines weiteren Verzierungsmotives. Ein Bezug auf den Text ist nicht vorhanden, oder höchstens ein allgemeiner, wie z. B. wenn König David oder irgend eine Heiligengestalt zu Beginn der Psalmen dargestellt ist. Daneben kommen Jagdscenen, Kämpfe mit Unthieren u. dergl. m. vor. Zuweilen finden sich auch, ähnlich wie wir im Liber Scivias in einem einzelnen Falle nachgewiesen haben, Initialen, welche sich mehr der streng geometrischen Constructionsweise nähern und auf alles naturalistische und phantastische Beiwerk verzichten. Ein Beispiel davon findet sich auf unserer Tafel rechts unten in der Ecke. Gänzlich fehlen die grosslappigen Phantasie-Blumen, die im Scivias eine so aufdringliche Rolle spielen. Die Färbung ist eine leichte mittelst meist stumpfer Farbentöne; nur selten leuchten das Roth, Blau und Gelb in ungebrochener Reinheit. Grün fehlt auffallenderweise fast ganz. Die Rankenzüge, Thier- und Menschenfiguren erscheinen dabei weiss auf buntem Grunde.

Die Initialen des dritten Bandes bilden eine Vorstufe zu den vorstehend beschriebenen. Menschengestalten finden sich dabei gar nicht, Thierformen nur selten. Die Hauptrolle spielt wieder das Rankenwerk mit seinen Knollen und Verzweigungen. Anscheinend haben verschiedene Hände, eine geübte, sichere und eine unsichere, schülerhafte am Initialenschmuck dieses Codex gearbeitet. Dass die Bemalung in den einzelnen Lagen von verschiedenen Illuminatoren vor Zusammenstellung des Ganzen vorgenommen worden ist, geht daraus hervor, dass an vielen Stellen die Colorirung der Initialen theils unvollendet, theils noch gar nicht begonnen ist. Die beliebte Verbindung von Grün und Blau tritt hier wieder voll in ihre Rechte. Nach dem Charakter der Schrift und dem Stil der Initialen lässt sich mit grosser Wahrscheinlichkeit annehmen, dass der letzte Theil des Werkes zuerst — wohl noch im XII. Jahrhundert — der erste Theil aber zuletzt, im Anfange des XIII. Jahrhunderts angefertigt worden ist.

Pierer'sche Hofbuchdruckerei. Stephan Geibel & Co. in Altenburg.

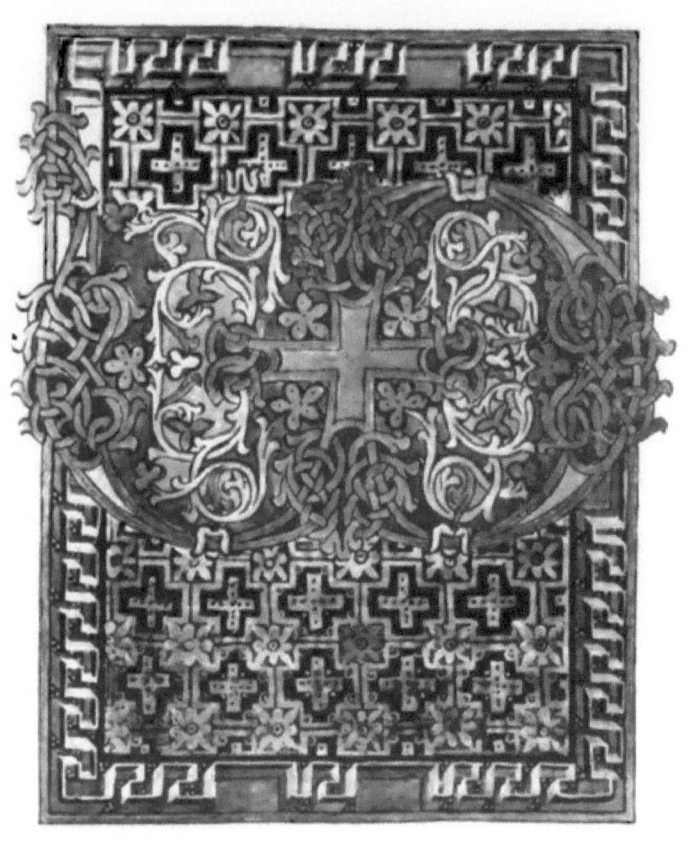

ONCEDE

piternam · p eund

IN NAT SCAE AGATHAE

Squi inter ce
tera potentiae tuae miracu
la etiam in sexu fragili victo
riam martyrii contulisti · concede, p
pitius ut cuius natalicia colimus · per
eius adte exempla gradiamur · per

Suscipe munera dne quae in   S I C
beatae agathae martyris tuae solemni
tate deferimus · cuius nos scimus pa
trocinio liberari · per   A D C O

Auxilientur nobis dne sumpta mystic
ria · & intercedente beata agatha mar
tyre tua sempiterna protectione
confirment · per dnm

Tafel 13.

sem aduocat· xv.
ni denotione mee[
debet· Ccmas· xvi
cade re· xvi
ola trie partis libri
pla libri cmas sm
s.

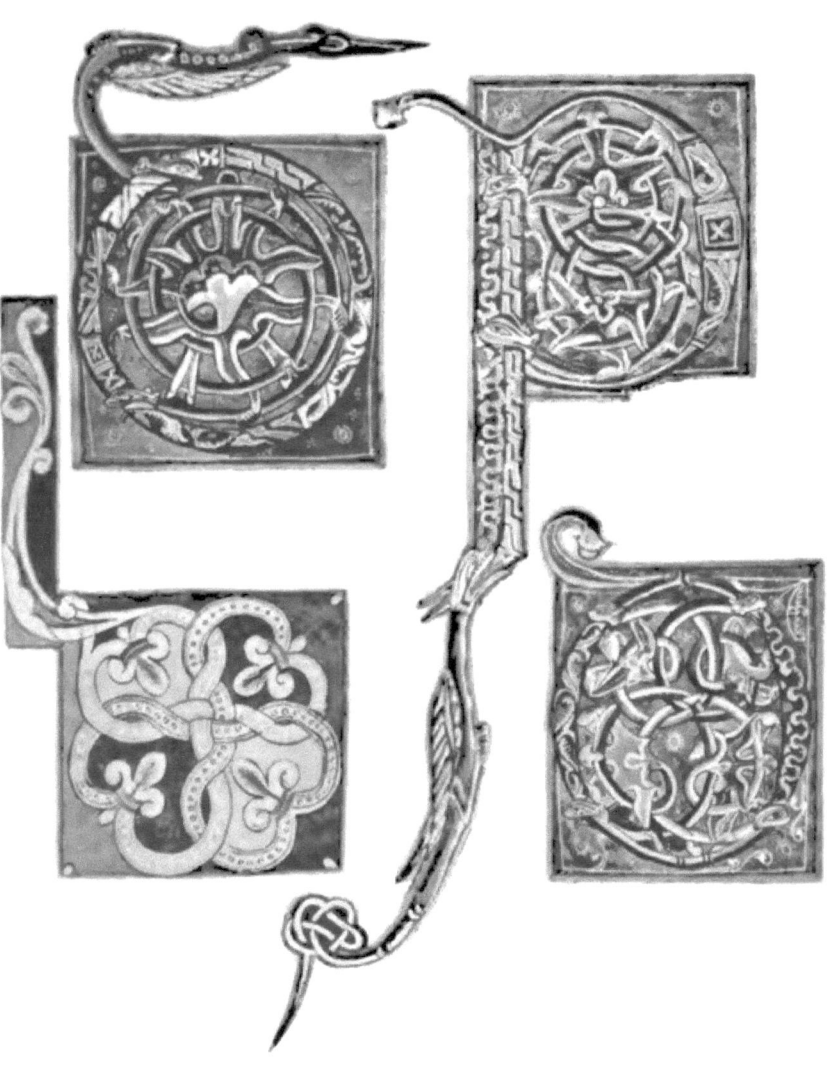